U0116612

# 為甚麼長大

**Why grow up?**

蘇珊・奈曼 著

劉建芳 譯

商務印書館

Original English language edition first published by Penguin Books Ltd, London.

Text copyright © Susan Neiman 2014

The author has asserted her moral rights.

All rights reserved.

本書中文譯稿由上海文藝出版社授權使用。

## 為甚麼長大（Why grow up?）

作　　者：蘇珊・奈曼 (Susan Neiman)

譯　　者：劉建芳

責任編輯：李倖儀

封面插圖：蘇小泡

出　　版：商務印書館 (香港) 有限公司
　　　　　香港筲箕灣耀興道 3 號東匯廣場 8 樓
　　　　　http://www.commercialpress.com.hk

發　　行：香港聯合書刊物流有限公司
　　　　　香港新界大埔汀麗路 36 號中華商務印刷大廈 3 字樓

印　　刷：中華商務彩色印刷有限公司
　　　　　香港新界大埔汀麗路 36 號中華商務印刷大廈 14 字樓

版　　次：2017 年 4 月第 1 版第 1 次印刷
　　　　　© 2017 商務印書館 (香港) 有限公司
　　　　　ISBN 978 962 07 5714 3
　　　　　Printed in Hong Kong

版權所有，不得翻印

# 目　錄

# 導　言

　　不是只有彼得・潘（Peter Pan）才對成年的前景感到焦慮不安。的確，我們顯然可以說彼得・潘是我們這個時代的符號，米高・積遜則近乎完全是彼得・潘的翻版。人們普遍認為成年就意味着放棄自己的希望和夢想，接受既定現實的限制，屈從於生活，儘管它遠不如起初所想像的那樣刺激、有價值或有意義。在自傳第三卷的篇末，西蒙・德・波伏娃（Simone de Beauvoir）回想到世界上的事物她幾乎都見識過了："京劇、韋爾瓦競技場、瓦德沙丘、普羅旺斯的拂曉、卡斯楚面對五十萬古巴民眾的演說、列寧格勒的白晝夜和比雷埃夫斯上空金黃的圓月。"她周遊世界。在她那個年代，環球旅行絕非像我們現在這樣司空見慣。不僅如此，在她身上各種愛情和友誼，各種有意義的工作以及由此而來的讚譽，都和她去過的地方一樣不勝枚舉，絢麗多彩。很難想像還有人能比她生活得更充實，更不虛度。然而，當她回顧那個曾經的自己，那個"凝視着腳下的金礦：有整整一輩子可以過"的女孩，總結她那令人羨慕的旅行清單，得出的結論卻是，她被欺騙了。有些作家說如今幾乎沒有人**想要**長大。但如果成年意味着在最坦誠的時刻感覺到被欺騙了，誰能指責那些不想長大的人呢？

哲學能幫我們找到一個與屈從無關的成熟模式嗎？（鄭重聲明：我手頭的《牛津同義詞詞典》〔Oxford Thesaurus〕可是把"哲學的"〔philosophical〕列為"屈從"〔resignation〕的同義詞。）我相信哲學能做到。而且，最好從康德的描述開始：在《純粹理性批判》一書中，理性最終達到成熟。讀者如果不想理睬這個建議也是可以理解的。《純粹理性批判》（1781 年）一經出版就成為現代哲學史上最重要也是寫得最糟糕的一本書。康德自己也說它過於枯燥冗長，同時不無心酸地補充道，"不是所有人都能像休謨那樣文筆細膩雅致，也不是所有人都能像摩西·孟德爾松（Moses Mendelssohn）那樣文筆深刻優美"。確實如此。伯特蘭·羅素並非唯一一個承認讀着讀着就睡着的人。然而，堅持看完的人會發現康德的成長模式非常引人入勝。

理性在幼年期是獨斷論的。小孩子往往認為他們得到的是絕對真理。甚麼樣的視角會讓他們質疑這一點呢？遭受過父母或教父式權威虐待的人需要很多年才意識到虐待並非世界上理所當然的東西 —— 如果他們能夠意識到的話。在較為愉快的情形下，孩子的每一步看起來都在確證他自己的能力和那個起初看起來非常神秘的世界的透明度。他認識到勺子（撥浪鼓和布丁）從手裏脱落時總是往下掉而不是往上飛，而皮球（小卡車和小貓咪）之類的東西即使跑到窗簾背後也還在那裏。他的能力與日俱增，世界變得愈來愈可理解。他為甚麼不能斷定這兩者都是無限的呢？每天他都在多認識一點事物，每天都在他的世界裏揭開一個新的秘密。在小孩子身上似乎印證了 17 世紀哲學家、十足的樂天派萊布尼茨提出的獨斷論形而上學：只要給我們足夠的世界和時間，就能夠弄清一切，並且能夠領悟到我們所處的世界是所有可能世界中最美好的。不然怎麼説得通呢？

理性的下一個階段是懷疑論，雖然"青春期"這個詞不是在康德的時代出現的，但康德描述了青春期的所有症狀：隨着青少年發現世界不是它本來應該有的樣子，他們的內心交織着複雜的失望與興奮。父母和老師即便處於最佳狀態（我們鮮能如此）也會有缺點。（和其他人一樣，為人父、為人母或為人師者也經歷過青春期。）他們知道的沒有我們想像的多，能提供的解決方法也沒有我們期望的多。即使他們沒有撒謊，也不會告訴我們他們擁有的全部；他們試圖用錯誤的方式庇護我們，因此也無法用正確的方式保護我們。他們在過去時代自然而然養成的習慣和形成的信念使我們尷尬；他們批判自己不理解的事物，停留在過去，跟不上時代變化。為甚麼我們不能下這樣的結論：我們從他們那裏學到的任何真理和規則都會誤導我們，甚至關於真理和規則的觀念本身就應當消停安息？難道我們不應該從對世界的無限信任轉到無限的不信任嗎？

康德說這一階段比睜大眼睛輕信世界的理性童年時期更加成熟，因此是必要的、有價值的。（當然，他沒有撫養過一個青春期的孩子。）但是，從無限的信任到持久的不信任，這一急劇轉變並不意味着已經成熟。毫不奇怪，康德用成熟比喻自己的哲學，它使我們有智慧在盲目接受和盲目拒絕一切我們被告知的事物之間找到一條道路。成長意味着承認貫穿於我們生命始終的不確定性；甚至成長意味着，明明生活在不確定之中，卻認識到我們必然會繼續追尋確定性。這樣的觀點容易描述，卻很難一貫地堅持，不過，誰說成長是件容易的事呢？

這些問題乍看起來不難，但很乏味。更糟糕的是，聽起來無可奈何。就像一個心懷好意的胖大叔告訴你生活不如童年時想像的那麼奇妙，也並非如青春期想像的那麼糟糕，你是時候該打起精神，儘可能地過好生活了。然而，除此之外，你還可以從這樣一套立場說辭中得到甚麼呢？它是陳腔濫調，雖然沒有錯，卻不值得為此奮爭。為甚麼不索性跳過康德去聽滾石樂隊呢？有時候，如果試一試，就會找到你所需要的。說一說心懷好意的大叔吧：康德的生活看起來可不像你所期望的成年典範。他一生從未去過離出生地四十英里以外的地方，打了一輩子光棍，甚至唯一一則與他的愛情有關的傳言也未得到證實。他成年後的生活只是日復一日地講學、鑽研學術、寫作。他的生活如此嚴格、如此規律，所以據說他的鄰居會根據他每天為保養自己虛弱的身體而出門散步的時間調校時鐘。詩人海因里希・海涅（Heinrich Heine）甚至誇張地說，康德的生活史三言兩語就講完了，因為他沒有生活，也沒有歷史。

然而，海涅也說康德是一位反叛者，他所掀起的滔天風暴讓法國革命家羅伯斯庇爾（Robespierre）也黯然失色。不僅海涅，比康德稍晚的同時代人大都這麼認為。如果我們看一看康德關於成熟最有名的討論，就知道為甚麼他得到了如此高的評價。這是啟蒙時代早期最著名的論文了。在《何為啟蒙？》（1784 年）裏，康德把成熟定義為理性將自己從自我招致的不成熟狀態中解放出來。我們選擇不成熟是因為我們既懶惰又害怕：讓別人替你作決定要舒服得多！"如果有一本書照顧我的理解力，一位牧師照顧我的良心，一位醫生規定我的飲食，我絲毫不用自己費勁。只要我能付錢，我就不需要思考，別人會幫我打理一切事務。"（沒錯，康德為《柏林月刊》〔Berlinische Monatsschrift〕—— 相當於 18 世紀的《紐約書評》—— 撰稿時居然也採用了直白的語句。）康德這個沒有孩子的男人討論了孩子是如何學會走路的。他對此的熟悉程度令人吃驚。要學會走路，孩子們必須跌跌撞撞、摸爬滾打，但是如果為了避免他們碰傷而把他們放在嬰兒車裏只會使他們停留在嬰兒狀態。康德所批判的，不是對孩子過度保護的母親，而是有意阻止公民自己獨立思考的獨裁國家。國家的控制慾與我們對舒適的渴望使社會避免了衝突，但這樣的社會並非成年人的社會。

成長更多地關乎勇氣而非知識：世界上所有的知識都無法代替你運用你自己的判斷力的勇氣。而判斷力是可以學到的 —— 主要通過觀察他人如何很好地運用判斷力而為自己積攢經驗，但我們無法教會一個人如何運用判斷力。判斷力至關重要，因為真正觸動我們的問題不可能通過遵循某一規則找到答案。我們需要勇氣去學會相信自己的判斷力，而不是依賴國家、鄰居，或者喜愛的電影明星他們的判斷力。（當然，國家、鄰居和喜愛的電影明星也可能是對的，好的判斷力要求你識別對錯。）更重要的是，我們需要有勇氣去接納始終貫穿我們生命的裂縫，因為不管生活多麼美好，裂縫總是存在：理性的理想告訴我們世界應該是甚麼樣子；經驗卻告訴我們現實往往不是理想的樣子。長大需要我們面對兩者之間的鴻溝 —— 兩者都不放棄。

我們大多數人容易放棄這個或那個。堅持童年時想法的人一生都在否認世界與他們恪守的信念不一致。這樣的例子很多（我們會想到某些傳教士和政治家），但時下更常見的還是深陷青春期困境的人。這個世界呈現出來的樣子不符合他們的理解或理想？和理想世界之間的落差更大。在一個理想無用的世界裏，堅持理想成了失望甚至恥辱的根源。徹底放棄理想遠比遭受希望破滅的痛苦要好得多；直面深度腐朽的現實比沉湎於幻想要勇敢得多。

這樣的立場並沒有你想像得那麼勇敢，因為它只要求得到一點點文雅體面的樣子。懂得理想和經驗對我們有同等的要求，則需要更大的勇氣。成長意味着尊重並盡自己最大的努力達到這些要求。儘管知道自己永遠不可能完全成功，但不會屈從於教條，也不會絕望。只要你活的時間足夠長，教條與絕望總會誘惑你。盡自己最大的努力使周遭的世界更貼近應然，但也不忽視它的真實面目，這是成年人應該做的事。如果碰巧有個胖大叔告訴你這些，你就非常幸運。

關於理性，暫且就先談到這裏。現代西方哲學有少量珍貴的共識，其中之一就是理性與經驗在知識的學習中都很重要。這裏康德又是關鍵性的人物。理性主義者如笛卡兒指出我們的感官如何矇騙我們，認為唯有理性才是可靠的，才會告訴我們世界真實的樣子。難道物理學沒有發現諸如顏色之類的東西只是事物的屬性而非本質的一部分？難道數學沒有公佈宇宙的深層次奧秘？相反，經驗論者如洛克把心靈叫做"tabula rasa"，即等待書寫經驗的白板。洛克的繼承者休謨甚至進而宣稱理性是缺乏動力的。今天大多數哲學家都認為，康德證明了理性與經驗都是知識需要的，從而結束了長達兩個世紀的爭論。正如他所說，概念無經驗則空，經驗無概念則盲。理性與經驗之爭會一直存在，而且已經再度興起，但有意思的是當代神經系統科學即使不是直接支持康德觀點，也大都支持康德觀點的精神。實驗證明某些經驗實際上會改變大腦的形狀，而內在的心智框架則是經驗形成的關鍵。理性和經驗以何種方式影響我們長大成年將是貫穿本書的主題。

甚麼樣的經歷是成長的關鍵？為了與世界相調和，你得先看清它的某些方面。儘管巴斯卡和老子這樣的哲學家都認為足不出戶你就可以學到你需要的所有知識，但很多哲學家都認為旅行至關重要。例如，康德的人類學講座就告訴我們，如果已經事先了解自己國家的民俗，旅行便是了解人類的極佳途徑。

也許你會問，等一等，你剛才不是說他從未去過哥尼斯堡（Königsberg）四十英里以外的地方嗎？

不要忘記，那個年代的旅行和現在截然不同。道路泥濘崎嶇，人在馬車裏顛簸前行，豎起耳朵監聽土匪和強盜的腳步聲，住在沒有安全感的旅舍裏一週復一週。僅僅從威瑪到西西里島就已經是歌德非常了不起的旅程了。他和康德生活在同一個時代，同一個國家，但比康德富有冒險精神，也更幸運更年輕。然而，即便是歌德，走得更遠也只能是夢想。

如果康德本人的人類學講座聲稱旅行是有益的，那麼道路崎嶇只是一個拙劣的藉口！

當然，理論和實踐之間存在差距。前面那段關於旅行的文字有一個註腳，從中我們不難看出，康德因無法按照自己的建議去生活而感到羞愧。這是我在他的作品裏看到的唯一一處不經意間從個人偏好出發的好玩言論：

> 一座大城市，它是一個國家的中心，該國的政府機關就駐守在那裏，它擁有一所大學（旨在扶植科學），同時還有便於海上貿易的位置，這位置既有助於通過河流與該國內陸交往，又有助於和語言風俗不同的鄰國交往，——這樣一座城市，例如像普列格河畔的哥尼斯堡，就可以被視為一個既擴展人類知識，又擴展世界知識的適宜之地，在此即便不去旅遊也能獲得這些知識。[1]（《實用人類學》，第 4 頁）

這聽起來很像詭辯，但是否有可能果真如此？也許在某些地方，有些人心胸非常寬廣開放，不需要去很遠的地方就能充實自己。也許康德就是這樣的人，在螢幕上閱讀這段文字的人也是。互聯網不是為我們提供了人類未曾想像過的空間和時間嗎？如果你不把時間花在看那些色情圖片和那些

---

1　譯文參照康德：《康德著作全集》（第 7 卷：學科之爭、實用人類學），李秋零譯，中國人民大學出版社，2008 年，第 115 頁。——譯註

低級無聊的節目上，你就可以從互聯網上獲取很多有用的東西。你可以閱讀全球數百家媒體的新聞，了解同樣的事件是如何被人們從不同角度報道的。唉，最近的幾次調查研究顯示互聯網使我們更加狹隘。我們看朋友看過的博客和網站，我們的視角更受限制。但另一方面拓寬視野的可能性也很明顯。我們可以瞥一眼"阿拉伯之春"（且不管結局如何），偶爾看一下韓國說唱視頻也無妨。誰知道呢？

在外語環境或另一個國家居住、尤其是工作足夠長時間的人，比起一直待在出生地的人更知道他們錯過了多少。即使熟練掌握了一門語言，你也無法深解那些典故隱語。以孩童的搖籃曲為例，那是你新住地的同胞們聽着入睡的，並永遠地印在腦海裏，不可消除。你會錯過笑話、精微玄妙之處和很多反語。（卜戴倫〔Bob Dylan〕的死忠歌迷可能會對最近一家德國女性雜誌把《西班牙牛皮靴》〔"Boots of Spanish Leather"〕評為描述異地戀的最佳歌曲表示不屑。）因此，去不同的地方旅行，而不是在虛擬的網絡世界裏遨遊，常被看成是成長道路上至為關鍵的一步。在歐洲，窮人把兒子送去當學徒的做法現在已經很少見，但一些國家如突尼斯和菲律賓，至今仍延續着這樣的傳統。今天，家境較富裕的子弟—— 不管來自莫斯科、北京，抑或來自倫敦、紐約 —— 仍然被送去參加某種類似於 19 世紀"壯遊"的旅行。在歐洲，它叫作"伊拉斯謨（Erasmus）計劃"，旨在強化政治聯盟；在美國則稱作"大三出國交流計劃"（junior year abroad）。

根據最近的一些研究，伊拉斯謨計劃對歐洲一體化的貢獻小於預期；很多學生認為，回國後感到與自己國家的關係更緊密了。但作為成長的一步，這個計劃比大多數美國大學的海外留學計劃好得多，即便僅僅是因為歐洲人覺得只會說一種語言是沒有教養的。哈佛大學前校長拉里·薩默斯（Larry Summers）最近在接受《紐約時報》採訪時說道，學習第二門語言純粹是浪費時間，不如用來使某些可以量化的東西達到最大化。顯然，對薩默斯這樣的經濟學家來說，語言只是收集資訊的工具。在美國和在英國一樣，語言能力被視作高等教育的標誌，但是每位突尼斯學徒掌握的語言都比薩默斯多。一位以秘書為職業的德國人很喜歡去希臘度假，因此決定學習希臘語，每次（現在是一年一次）從克里特島旅行回來堅持去上夜校。這樣的人旅行得更好嗎？肯定更有深度，在很多方面也更加舒適。在監護人 —— 可能是學校管理員、聲名赫赫的會議組織者或者豪華遊領隊的保護下，機械地從一個地方挪到另一個地方對成長的意義不大，甚至妨礙成長，因為它造成了不需要深入其中就已經見過世面的假象。如果你不想把腳弄濕，不想把手弄髒，那還不如宅在家裏。反正你上網也能看得到西斯廷禮拜堂。

　　我認為，真正的旅行對成長確實至關重要，雖然它既非充分條件亦非必要條件。正如波伏娃所說，觀察世界不足以使你對自己在世界中所處的位置感到滿意。我們也不需要通過旅行去正式地認識不同的文化有不同的風貌。只要讀一下《聖經》就可以知道，很多宗教把孩子當成祭品，直到上帝告訴亞伯拉罕不需要這麼做；而一個十六歲的孩子大概不會沒有聽說過愛斯基摩人把老人放在大浮冰上漂走的事情吧？這個例子可能會引起青少年的關注，他們樂於把它作為倫理相對主義的論據。但真正的旅行可以讓我們深入接觸另一種文化，強化我們對共性與差異的認識。甚至在使用（幾乎是）同一種語言的不同文化之間，共性與差異也比我們想像的更加微妙。美國人可能癡迷於《唐頓莊園》（*Downton Abbey*），而英國人則會為 Lady Gaga 傾倒；在美國，醫保和產假被稱為福利，但在英國和大多數高度文明的國家都把它們視為權利。這些字眼可以看出人們看待公正和自由方面的差異。

正如康德所說，只有對自己的文化有所了解時，到其他文化中去旅行才有意義。反之，了解其他文化顯然有助於了解自己的文化，因為你會注意到自己的文化中習焉不察的東西。我在柏林住了六年後，第一次再回到美國，結果每次打開《紐約時報》都很生氣。不是因為它的報道內容而是因為它的形式。德國的報紙總是印有大量文字，有時配上圖片加以說明，而美國發行量最大的報紙卻理直氣壯地用四分之三的版面做廣告，剩下的才是新聞。我們沒有想過，它是如何將我們的注意力從波士尼亞大屠殺轉移到布魯明戴爾百貨公司的促銷活動的：每天早上我們看到版面比例時，誰會想到還有比促銷活動更重大的事情呢？有幾個月甚至可能一年的時間裏，我試圖將這個事例編入我在耶魯大學講授的政治哲學課講義來表達我的憤怒。過了一段時間，我又習慣了報紙的版面，不再打心眼裏反感。怒氣也就很快消退了。

當然，這件事只是很多例子中的一個，顯示我們是如何融入社會的，而社會又如何潛移默化地塑造着我們的世界觀。《彼得・潘》在第一次世界大戰前夕出版並非偶然。J.M. 巴里能預知未來，而 A.S. 拜厄特的《孩子們的書》(The Children's Book) 向我們很好地展示了今天看起來無邪的世界裏，最有趣的遊戲背後發生了甚麼，這樣的說法顯然有點愚蠢。跟之後的時光相比，我們依然覺得 19 世紀末 20 世紀初是如此美好，甚至希望時光停滯在那裏。但如果可以，還是請忘記隨後而來的兩次世界大戰和原子彈，想一想 20 世紀中葉對保羅・古德曼（Paul Goodman）的經典之作《荒謬的成長》(Growing Up Absurd) 的批判吧。我們是否已經創造了一種給成年人留有空間，使成長成為好選擇的文化？古德曼說我們還沒有。他認為人成長需要的是這樣一種文化，它能提供有意義的工作和一種共同體的感覺，一種相信世界會回報你所付出的努力的信心。如果商品消費而不是滿意的工作成為我們文化的焦點，我們就已經創造（或默認）了一個永遠處在青春期的社會。儘管古德曼在 20 世紀 60 年代頗具影響力的著作（蘇珊・桑塔格稱古德曼為美國的薩特）已經大部分被人遺忘，但他的很多評論在今天看來比五十年前更有道理。曾在成長觀方面給予康德最大靈感、令人着迷癲狂的尚－雅克・盧梭（Jean-Jacques Rousseau）更值得一提。盧梭的作品強烈控訴只是"將縛在人身上的鐵鏈飾滿花環"的文化。藝術和科學滿足了我們的虛榮心，充實了我們的錢包，但沒有昇華我們共同的人性。因此文化扭曲了我們，驅使我們接受本該受質疑的社會秩序。社會的誘惑力太大，太具有煽動性，只有用激進的方法才能克服。盧梭的《愛彌兒》（Emile）—— 唯一一部長篇闊幅談論成長指南的哲學書所提出的問題以及帶給我們的希望會在下文細述。在探究 21 世紀是甚麼使成長變得更為困難之前，我先談談盧梭和康德是如何設置論題的。

因為無法創造年輕人希望在其中成長的社會，我們就將年輕理想化。看到嬰兒睜大眼睛，興奮地看着一切事物，我們羨慕他們的坦率、天真，卻忘記了成長的每一步，從站立到能畫人物線條，都伴隨着恐懼與挫敗感。最有害且廣為流傳的理想化觀點是認為人生最美好的階段是 16 歲到 26 歲之間。這十年間男性肌肉最發達，女性肌膚最光滑。這是由荷爾蒙引起的，進化論生物學家可以解釋其原因。但是，不管你的基因如何，你的目標不是增強生殖能力。把一生中最困難的階段描述成最美好的時光，使正處於這一階段的年輕人更加難熬。（如果我已感到心力交瘁、恐懼萬分，我還能指望將來嗎？他們都告訴我，以後的日子只會愈來愈糟糕。）這是關鍵所在。把人生描述成一個下沉式的過程，將會使年輕人對生活無所期望，也無所要求。

本書將會討論我們對"世界是怎樣（實然）"與"世界應
該是怎樣（應然）"這兩者的理解，是如何受到各種經驗的深
化或阻礙的。本書認為，成長本身就是一大理想 —— 一個很
難完全實現，但絕對值得為之奮鬥的理想。

# 第一章　先哲的思考

## 可能世界

　　我們完全可以問：像成長這樣複雜多樣的過程，哲學究竟能説多少？哲學家探討一般真理，有些哲學家仍在探索必要或普遍的真理，但是，我們只要有一丁點經驗就可以知道，成長是一件非常具體的事。薩摩亞人的成長與南安普敦人的成長不同，甚至在一種文化內部，過幾十年也會不一樣，過幾百年更是面目全非了。法國歷史學家菲力浦・阿利埃斯（Philippe Ariès）認為，中世紀早期歐洲人沒有童年的概念。直到 12 世紀，兒童的受關注程度提升，才有資格進入畫作，但即便如此，他們也只是被畫成小大人，他們的特徵或表情完全是大人的樣子。後來的歷史學家批評阿利埃斯過於草率地從肖像研究得出概念性結論，但他最重要的洞見依然是站得住腳的：不管中世紀的歐洲人有甚麼樣的兒童概念，它一定和我們的不一樣。如果我們仔細觀察畫作，甚至可以問阿利埃斯的兒童概念是否與我們現在的兒童概念一致。他在 1960 年撰寫極具原創性的著作《兒童的世紀》（Centuries of Childhood），當時他是否會想到我們今天悠然自得地錄製並分享着大量的嬰兒視頻？除了少數社會科學家以外，這些視頻大概只對孩子的祖父母或者他將來的未婚妻有意義吧？

這樣做之所以可能，當然是因為很多事情已經發生改變，但最大的改變莫過於，在關於童年的看法上，現在人們開始想當然地認為孩子會活過嬰兒期。17 世紀的法國孩子熟悉生死，就像他們熟悉性一樣。這種情形不是只發生在全家只能在一個房間裏生活的農舍。御醫艾羅阿爾（Héroard）的日記有這樣一則觀察記錄：未來的路易士十三世一歲時，"保姆用手指撥動他的小雞雞，他笑得喘不過氣來。如此玩弄頗具誘惑力，小孩毫不遲疑地就自己學着做了。他叫住一位侍者：'嘿，過來！'然後撩起衣裳展示自己的小雞雞……他興高采烈地讓每個人親他的小雞雞"（《兒童的世紀》，第 100 頁）。

過去幾十年裏，性虐待一直被忽略，現在我們拼命去彌補，但最好謹記，不是所有對兒童性方面的關注都是虐待。在現代法國早期，上面提到的行為在人們看來是很正常的。孩子到了七、八歲，人們才期望他們穩重地對待性方面的事情。這完全不同於維多利亞時期人們對兒童天真無邪的期許，也完全不同於今天熱切關注的性侵或男色。我們不禁要問，在這三個時期，擁有一個孩子的身體是不是同一回事。

在一個重視教育，把孩子與大人分開，送到所謂學校的新機構的世界裏，擁有一顆孩子的心靈的意義已大不相同。在歐洲中世紀早期，大多數兒童只要長到能夠擦地板的年紀，就被吸納到成年人勞動的世界。男孩應當與成年人分開，享受或忍受一段時期的教導，這個做法始於 17 世紀，由此引發了"兒童期是一個漫長的階段"這種現代觀念。與被送到學校去的孩子相比，女孩與窮人家孩子的童年依然很短暫。即使對於上學的孩子，我們肯定也思考過，在學童這個年齡段為甚麼有相似的行為，即，他們經常拿起武器忤逆老師。例如，1649 年在法國一個叫做迪（Die）的地方發生了一件事：

> 學習邏輯的學生在學校內部設置障礙，阻止老師和其他班的學生進來，用手槍射擊，弄髒第一個和第三個教室的講台，把第二個教室裏的凳子扔到窗外，撕爛課本，最後從第四個教室的窗戶爬出來。（同上書，第318頁）

阿利埃斯告訴我們，大的學校暴亂，在法國 17 世紀晚期就結束了，但是在英國一直持續到 19 世紀。當時有學童放火燒了書和課桌，退到一個小島上，當局派了軍隊才將他們制服。當時人們對兒童、青年以及隨後的成年的理解與我們不同：

> 取得人生的成功不是指發大財，至少這是次要的；首先要在一個大家抬頭不見低頭見的社會裏獲得榮譽和地位。（同上書，第 376 頁）

做一些類比總是有可能的——我們可能會想到 Facebook 上的某些行為方式。但是，即便從上面這幾個例子我們也可以看得很清楚，現代早期的生命週期概念不同於我們今天習以為常的理解。特別值得注意的是，當代歷史學家已經指出，無憂無慮的童年這一想法就是一個現代觀念。除了偶爾用充滿愛的字眼描寫母親以外，從希臘到中國幾乎沒有一位古典作家說過他的童年是金色的，也從未表達過對童年的懷念或渴望。[1] 17 世紀的法國哲學家笛卡兒認為，人類的不幸源自我們的生命始於兒童期。

在世界的另一端，更為晚近的美國人類學家瑪格麗特·米德（Margaret Mead）針對薩摩亞青春期少女的研究表明，她們正在享受一生中最美好的時光。米德想表達的意思正是如此。在她撰寫《薩摩亞人的成年》（*Coming of Age in*

---

1　Peter N.Stearns, *Childhood in World History*, Abingdon: Routledge, 2011.

*Samoa*）的時候，孩子們大部分時間都用來照看嬰兒。從五、六歲開始，薩摩亞女孩常常背着一個嬰兒；男孩八、九歲之前也要幫着照顧更年幼的孩子。男孩女孩照看嬰兒的主要任務是讓嬰兒保持安靜，不要讓大人聽到嬰兒的哭鬧聲。伴隨着孩子成長的，是"燒火、點煙斗、倒飲料、點燈、哄哭鬧的嬰兒，以及大人們變化無常的差遣 —— 這些讓孩子們從早忙到晚"（《薩摩亞人的成年》，第 21 頁）。

米德寫道，如果薩摩亞人的家庭小一點，這一模式會使人們分化為兩大羣體：完全犧牲自我的人和專橫跋扈的人。"但是，待孩子稍長，他的主觀意志難以克制，比他小的孩子就要接替他的活。整個過程不斷重複。每個小孩對比他年幼的小孩負有責任，由此，他就被規訓和被社會化"（同上書，第 19 頁）。

自從政府設立學校之後，薩摩亞人的家庭結構發生了根本的改變。我們很容易同情那些在米德研究的時代不能擺脫勞動的孩子。在我們看來，免於勞動之苦才算得上擁有童年。但是，薩摩亞孩子擁有對社區作出有意義的貢獻的經驗，這顯然是我們的孩子所欠缺的。我們的孩子模仿大人的行為，擺弄玩具娃娃和玩具茶具；薩摩亞女孩照看小弟弟，這事關重大，因為這樣她的母親就可以在尚未懷孕的時候出海打魚或在田間勞動。我們的孩子有一段很長的沒有責任的時期，而這段時期的意義在於做好準備。對孩子的評價取決於他們在那些為未來真正的任務做準備的考試中的表現，而真正的任務跟它們往往毫無關係。薩摩亞孩子在做一些很重要的事情，而且他們知道這一點。米德指出，這使得薩摩亞人的生活比我們的具有更大的凝聚力。當然，我們不應當錯誤地認為，米德的看法是為以下現象辯護：如今，特別是在亞洲和非洲，仍有成千上萬的兒童被迫在惡劣的條件下勞動。米德的看法只是呼籲我們認真思考我們認為理所當然的事情。

然而，進入青春期以後，薩摩亞少女從指派給小孩子的單調枯燥的勞動中解放出來，一直到婚姻帶給她們新的責任。在這期間，她們做些編籃子之類的輕鬆工作，在月光下與可能贏得她們芳心的青年幽會。薩摩亞的性愛技巧在於如何取悅沒有經驗的少女，因此這樣的幽會是甜蜜的，她們極少出現（我們大多數人都經歷過的）初次的劇痛。她們可以擁有很多情人，與情人的關係也往往很短暫。在薩摩亞人看來，《羅密歐與茱麗葉》是滑稽可笑的。米德意識到她所描述的薩摩亞文化缺乏一個我們很可能懷念的維度：

> 愛與憎，嫉妒與仇恨，悲傷與喪親之痛，這一切都只是幾個星期的事情。孩子出生後幾個月就被漫不經心地從一個女人的手上交到另一個女人手上，打那時起，他們就開始懂得，不要對某個人太在乎，不要對某種關係抱太高的期望。（同上書，第 138 頁）

她還特別強調，薩摩亞文化中避免危機與衝突的方式對於從童年到成年的過渡期來說是自然的。薩摩亞少女在感到迫切需要時可以自由地探索身體的慾望。如果與父母意見不合，就收拾蓆子和蚊帳搬到附近的親戚家去住。薩摩亞女孩經歷"與我們的女孩一樣的生理發育過程：長出乳牙，掉乳牙，長出恆牙，長高變醜，隨着初潮進入青春期，逐漸達到生理上的成熟，為孕育下一代做好了準備"（同上書，第 135 頁）。然而，這一生理發育過程並沒有伴隨着所謂的典型青春期心智情感綜合症：失望如潮水般湧來，願望如緊繃的弦一碰就斷，在崇高的理想主義和憤世嫉俗之間搖擺不定，感到絕望，常常在尋找自我的過程中無助地堅持己見。

　　比起阿利埃斯的書，米德的更是一部 20 世紀的經典，因此它也像前者那樣受到了專業眼光的審查，結果發現其中有些部分存在誤讀和錯謬。經驗研究本性如此：你可能會弄錯。但不管其中包含多少誤讀，這兩本書的重要性不會改變，而且會一直啟人深思，因為它們都包含了我們可以稱之為哲學的深刻道理。童年是不確定的，人生的其他階段也是如此。這個道理不限於歷史學或人種學的興趣。既然人生的道路是不確定的，那麼我們就可以自由地選擇道路。至少在原則上是這樣的。

　　以上簡略介紹了阿利埃斯和米德這兩種關於童年與青春期的著名論述。它們提醒我們，成長在不同的地方、不同的時代可能迥然不同。甚至,時空上的微小變數就會產生不同的世界。例如,蘇聯初期的教育很先進,連美國哲學家杜威(John Dewey)都感到欣羨不已。但是,短短十年之後出生的孩子就得遭遇史太林主義所帶來的僵化的獨裁主義氛圍,蘇聯的學校和其他機構都不能幸免。[2] 甚至在較相似的社會裏,人們關於童年的設想也可能大相徑庭。1998 年,我無意間聽到七歲雙胞胎女兒的談話時發現了這一點。當時我們住在以色列的特拉維夫(Tel Aviv),住在麻省的嫂子老早就計劃帶兒子過來玩,但美國國務院發出警告,禁止去以色列旅行,所以最終沒有成行。兩個孩子的表哥就來不了了。我不記得是雙胞胎中的哪一個先知道這一令人沮喪的消息,然後跑去跟另一個說的。

"怎麼了?"剛剛聽到消息的女兒問,"他病了嗎?"

"他很好,"另一個說,"這跟薩達姆・侯賽因有關。"

"和薩達姆・侯賽因有甚麼關係呢?"

"我也不確定,"另一個想了下,"我想他們在美國不太能適應戰爭。也可能他沒有自己的防毒面具。"

2　Catriona Kelly, *Children's World: Growing Up in Russia*, 1890—1991, New Haven, Conn.: Yale University Press, 2007.

"別傻了，"這一個用傲慢的口氣説，"世界上每個人都有自己的防毒面具。"

哲學最大的任務是拓展我們對可能性的感知。為了證明除了我們習以為常的生活或概念以外，還有其他的可能性，20 世紀的哲學家大多從科幻小説中找例子。如果他們把目光轉向歷史或人類學，可能會做得更好。上面簡單描述的例子就能很好地證明，除了我們熟知的世界以外，還有很多可能性。這樣的洞見是哲學的洞見，而且像大多數真正的哲學洞見一樣，它隱含了規範性的要求，也就是説，主張事物應該是甚麼樣子的。哲學可以、也應當利用那些只能通過觀看世界現在及過去的樣子來獲得的知識，但哲學的洞見總是着眼於世界應該有的樣子。正是在這個意義上，康德寫道，實踐是第一位的。康德在他留給我們鮮少的自傳性筆記中解釋了這一觀點是如何形成的：

> 我天生是個愛問問題的人。我強烈地感受到對知識的渴望、對進步無限的激情和發現的快樂。我曾一度相信這賦予了人們真正的生命尊嚴，我瞧不起一無所知的普通人。盧梭使我擺正自己的位置。自以為是的優越感消失了，我學會了尊重人的本性。如果我的工作不能對恢復人性的權利有所貢獻，那麼我應該自視比一個普通

的勞動者無用得多。[3]

然而，上文的描述告訴我們，成年經歷如此紛雜多樣，那麼哲學又能提出怎樣的一般性主張呢？

## 何為啟蒙？

成年是一個啟蒙問題。不管我們承認與否，我們是啟蒙思想的繼承人，沒有甚麼比這更清楚的了。公元前 5 世紀，柏拉圖花了很多筆墨探討如何撫養孩子，他的《理想國》裏有很多關於甚麼年齡段適合學習吹笛，適合聽甚麼樣的曲子之類的討論。在盧梭之前，再也沒有哪位哲學家像柏拉圖那樣關注這些細節。但是，柏拉圖之所以關注這些細節，不是因為他關心孩子，或者關心孩子會長成怎樣的大人。他所關心的，更多是城邦的發展，而不是城邦中的個體。在一個傳統的社會角色開始鬆弛的時代，啟蒙運動出於人的自身利益而開始關注人的個體發展 —— 儘管政治考量從來沒有遠遠地遁入背景。古羅馬哲學家西塞羅說，哲學要做的事就是學習如何死亡。這一點不足為奇，因為傳統的社會結構沒有為偏離主流留下多少餘地，只有在死亡這一生命環節上容許大的

---

3　Immanuel Kant, *Remarks on Observations of the Feeling of the Beautiful and the Sublime* (1764-1765), in *Kants gesammelte Schrifte*, vol.20, ed. Königlich Preuβische Akademie der Wissenschaft , Berlin: De Gruyter, 1942, p.44.

差別。一旦這些結構變弱了，成年的過程不再整齊劃一，人類發展的正確形式就變成了一個哲學問題。它綜合心理問題和政治問題並規範它們。因此，現代西方社會關於成長的基本特徵有了足夠多的共同看法（不知是好是壞，現代西方社會的成長模式愈來愈成為世界各地普遍的模式），這使得某些一般性的哲學主張能夠說得通。

康德可能把啟蒙界定為一個成年過程，所以他才會在 1786 年的論文〈人類歷史的推測性開端〉（"Conjectural Beginning of Human History"）中很自然地寫道：人類理性的第一階段就是意識到人有能力選擇自己的人生道路，而不是像其他動物那樣注定只有一條道路。這種能力在一個具有啟蒙思想的人身上顯得尤為強大。與馬或豬相比，中世紀法國的工匠和波利尼西亞酋長對人生道路有更多的選擇。但是，在人類歷史長河的大部分時間裏，個人可以選擇的人生道路實在少得可憐。在康德的時代，人們剛開始接受我們今天認為理所當然的開放性，他也充分利用了這一點。如果他早生幾個世代，作為目不識丁的馬鞍匠的兒子，成為教授幾乎是不可能的，更不用說在有生之年被稱為大思想家了。今天，即使在那些聲稱要促進機會均等的國家，父母的職業依然影響着孩子的人生道路選擇範圍，和我們所設想的理想狀況相去甚遠。不過，跟前現代社會相比，個人生活在統計概率上取決於出生，但不是必定取決於出生。（某些特殊的例外給了我們時代錯置的強烈感覺：少數遺留的皇室成員。喬治王子無法選擇他的職業。）

我們必須要作出的選擇要求我們有更多的經驗和更好的判斷力，尤其是在關鍵時刻我們最需要好的經驗和判斷力。在很長的一段時間裏，別人得想辦法讓我們獲得經驗，養成判斷力。與其他動物不同，人需要教育。康德説鳴鳥是一個例外，小鳥是要靠鳥媽媽教牠們怎麼唱歌，就像孩子們要在學校裏學習一樣。他説，如果有人認為鳴鳥靠本能學會唱歌，那他不妨把麻雀蛋放在金絲雀的巢裏，就會發現小麻雀會像牠的養母一樣唱歌。當代生物學家證實了這一點。[4] 不過，我們渴望的不只是奇觀一現，所以要學的不僅僅是唱一首曲子。事實上，康德説過，"人只有通過教育才能成為人"。但是教育者是甚麼樣的呢？即使懷着最好的意圖的人在某種程度上也是他人選擇的產物。不僅如此，教育應該是指向未來的教育，而我們只能預見部分的未來。先不考慮技術進步，如果我們期望道德進步，就會希望下一代比我們更好。正如一首以色列流行歌曲所唱的："孩子，照管好這個世界 / 因為我們沒有照管好它。"但我們不需要如此消沉，或者説，如此不負責任地希望下一代比我們更有智慧和勇氣。然而，如果我們想幫助孩子形成比我們自身所擁有

---

4   Lucie Salwiczek, *Immanuel Kant's Sparrow: High Level Communication in Songbirds and Humans*, Cambridge: Cambridge University Linguistic Society, 2008.

的更強大的能力，這如何可能？難怪康德的《教育學講座》（*Lectures on Pedagogy*）說道，教育是"人類面臨的最大最困難的問題"。

　　如果考慮到最好的意圖常常是缺失的，事情看起來就更糟糕了。我接受善良的父母和敬業的老師的觀點，但他們並非唯一決定教育進程的人。正如康德經常提醒我們，政府喜歡的是不成熟的臣民，而不是獨立的公民。這一偏好在當代表現為，將我們放在日益盛行的電子監控設備下，生產出數目繁多的汽車或早餐穀物食品供我們選擇，令我們目眩神迷。與此同時，卻讓我們無法把握遠比這些重要的選擇。在大多數情況下，政府所欲求的不成熟，不需要通過武力或偷竊就可以實現，因為我們很樂意與其共謀。畢竟，讓別人替我們思考比我們自己思考要容易得多。極權主義政治制度不是必需的，也往往事與願違，因為不管哪裏有明顯呈現的控制機制，哪裏就有勇敢的靈魂站出來反對這些機制。直接控制早晚引發叛亂；間接控制致使依賴。非極權社會為我們提供了一系列玩具，讓我們感到舒適，助長了我們懶惰的天性，使我們的幼兒化過程更為簡單微妙。當然，智慧手機和汽車都沒有被描述為玩具，很關鍵的一點，它們被描述為成年人生活中不可或缺的工具。相反，創造更公正更人性的世界的理想被說成是孩子氣的夢想。得到玩具是正事，為了它必須放棄夢想，例如找一份穩定的工作以穩固我們在消費經濟中的位置。這種虛假的本末倒置使我們永遠滯留在迷惑之中。難怪康德説，遠離自我招致的不成熟是人類有史以來最重要的革命。[5]

讓我來總結一下康德所認為的人類最重要的問題。我們一生下來，便開始一段旅程，它的道路是開放的，但它的輪廓應該是自明的。隨着身心的發展，我們能掌控人生以及與之相伴的世界，人生呈現為由不同階段所組成的序列，這個序列無論從生理方面還是心理方面來看都是一目了然的。事情應該很簡單，剛生下來的時候我們比其他物種的成員更加無助，接着逐漸融入世界並穩固我們在其中的位置，然後變得愈來愈獨立，愈來愈有經驗，直到我們成為可以自作主宰的成年人，我們的天性暗示着我們應該這樣。但我們自己最壞的本能和一系列社會力量都起着反作用。我們最壞的本能是：處於被動狀態是一件舒適的事情。起初，人們沒有用任何辭藻來矯飾，坦言我們是懶惰的。休謨認為，如果我們的天性更勤奮點的話，世界上大多數不幸都可以免除。一系列社會力量是：即便是最好的政府也會發現不成熟又被動的臣民比活躍的公民更容易統治。為醒目起見，不妨把它叫做制度性的懶惰。

在後啟蒙時期，如果沒有某種能夠表達自己選擇人生

5　Immanuel Kant, *Anthropology from a Pragmatic Point of View*, trans.Robert B.Louden, Cambridge: Cambridge University Press, 2006, p.124.

道路的慾望的活動形式，人們就不會感到滿足。滿足這一需求的新自由主義方式比極權統治所構想的任何策略都要有效得多。我們被大量的小決定衝得頭暈目眩。喬布斯（Steve Jobs）告訴我們，買甚麼樣的洗衣機這樣的問題可以成為他們家餐桌上的主要話題，一連談上好幾個星期。（這個聰明的發明家不覺得這樣的事是個問題；他把這件事作為民主決議的一個例子。）我們徹底耗盡了作決定的機會，我們沒有注意到，事實上重要的決定都是由我們甚至叫不上名字的他人作出的。或者，你所在的世界是你自己選擇的嗎？石油公司靠破壞地球盈利；女人因姦情被石頭砸死，或者因為要去上學而被殺害；孩子染上很容易治療的疾病死去，或被無人駕駛的飛機誤傷。你的選擇有沒有使上述任何情況有所改變？

只有自由平等的成年人才能建立自由平等的社會，但是，如果社會有意培養愚笨的依賴蟲，成年人從哪裏來呢？先有雞還是先有蛋？這是個孩子的謎語，但其背後是政治哲學最重要的難解之謎。沒有雞就沒有蛋，沒有蛋就沒有雞，我們該從哪裏下手呢？這些問題曾經使盧梭備受折磨，他是第一個把成長作為哲學問題來對待的哲學家，也是唯一一個提出了既全面又徹底的解決方案的哲學家。盧梭花了將近十年的時間苦苦思索這些問題，在這一過程中大多數朋友都離開了他。最後他終於得出一個結論：我們必須從根本上重新思考我們養育孩子的方式。我們要讓孩子遠離社會，給他創造一個一切都是合理的小環境。用妥當的方式撫養的孩子逐漸成長，一定會成為一個可以自主的成年人，他能創造一個更大範圍的合理的世界。

據説有兩件事深深打動了康德，使他打破了他那人盡皆知的作息規律，忘記每天例行的散步。（他的生活規律常常招來嘲笑，但是我們中有多少人能堅持每天抽時間晨跑或做瑜伽？雖然明明知道如果我們不和自己的身體做一個常規的約定，就有可能疏忽健康。）第二件事不足為奇，法國大革命的消息使民主主義者康德激動不已，蓋過了對其他一切事物的興趣。幾年之後，恐怖襲擊頻發，康德也許會這樣説：沒有參與其中的旁觀者想到大革命自然就感到興奮，這證明了人類有能力促進道德進步。我們大多數人都能理解，遠方的革命如何打亂我們的生活規律。三家德國報社在“阿拉伯之春”開始時援引康德的事例。但是第一件妨礙康德散步的事情不是那麼直觀：盧梭讓他着迷。讀盧梭不是件容易的事。康德後來寫道，盧梭的句子得讀上好幾遍才能弄明白，但文章語句優美，令他着迷。這一經歷如醍醐灌頂，正如我們在前文所引康德的自傳性筆記中所看到的，是盧梭改變了他的生活，喚醒了他內心真正的渴望。他還把盧梭稱作思想界的牛頓，這在 18 世紀乃是最高形式的讚美。很多讀者把盧梭的批判誤解成是對浪漫主義的呼籲，但康德在解讀盧梭作品的時候卻是把他置於啟蒙運動之中。這是對的。

表面上看，這兩個人唯一的共同點是階級背景。盧梭的父親是個鐘錶匠，康德的父親是個馬鞍匠，兩個人都來自小手工業者階層，似乎不能指望通過教育取得多大的成功，更不用說成為西方思想的重要力量了。顯然，他們強烈地意識到成為能獨立思考的成年人需要付出努力，因此他們都認為成長是一種理想，而不是給定的。在那個年代，成年意味着生活在一個階級分明的世界裏。即便是《百科全書》(啟蒙運動的引擎和成果)的撰稿人，也會因其主編狄德羅提議只署他們的名字不印頭銜，而感到被冒犯。直到法國大革命，階級劃分才開始鬆弛。盧梭一直很關注階級問題，並且寫了很多犀利的評論。

　　無論從哪方面來看，康德和盧梭都擁有不同的靈魂。康德的生活極其規律，鎮上的人可以根據他的散步時間調時鐘。盧梭則扔掉手錶，樂於記錄由此帶來的自由感覺。盧梭為了過流浪漢的生活(他的生活狀態通常是這樣的)，拒絕了法國國王賜予的終身年金，康德則成了一名普魯士教授。盧梭的《懺悔錄》(*Confessions*)是第一部現代自傳，他常常把生活中的事寫進作品中，你可能認為那些事和作品沒有關聯。康德除了評論住在哥尼斯堡可以代替旅行以外，其個人事跡僅限於幾條未發表的筆記。盧梭的情愛生活，不管是在想像中，還是在現實生活中，都像我們今天很多人那樣強烈、豐富且開放。康德與異性交往的唯一線索是一封來自一位當地婦人的信，信中請他去給她的鐘上發條。這讓人想到

《項狄傳》(*Tristram Shandy*)的開篇,書的主人公是如何被父母孕育出來的 —— 在那次行房時母親問父親沒忘了上鐘吧。不管怎麼說,也提到了鐘。

盧梭的旅行經歷即使在他那個時代也是非同尋常的,因為他不是觀光客。他經常從一個國家流落到另一個國家,有時出於選擇,有時則是迫於無奈。但他沒有融入任何一個國家,甚至也不想試着去融入。盧梭 15 歲那年離開出生地日內瓦,徒步越過阿爾卑斯山到意大利當學徒,他畫過招牌,當過鏤刻匠,後來做了一名外交官的書記。移居法國後,他自稱是"來自英格蘭的格林先生",靠教授音樂課謀生,雖然他自己並沒有受過任何音樂教育。然而,他的第一部歌劇《鄉村占卜師》(*Le Devin du Village*)備受國王路易十五的青睞,並授予他皇家編劇的職位,他卻為了過相對獨立的生活,拒絕了這一職位。作為一名作家,他讓巴黎的沙龍聚會時而傾倒,時而惱怒。有時他又逃到鄉下避開這些沙龍。他有幾次旅行都是迫於無奈的。例如,巴黎的法院下令焚毀《愛彌兒》(*Emile*),他不得不從法國逃到瑞士,免得他自己也被燒死。瑞士人又覺得這個本地人太狂野,也下令將他驅逐。於是他接受休謨的邀請到了英格蘭,但這次旅行也不走運。明白了自己和休謨意氣不相投,他又回到法國。這些還只是擇要而言。盧梭遊歷豐富,閱讀《懺悔錄》時只有十分上心才能跟上他的蹤跡。而康德,眾所周知,從未離開過自己的家鄉。

然而，盧梭是康德的北極星。在他哥尼斯堡的家中掛着一幅畫：充滿野性的瑞士哲學家盧梭的肖像。康德在寫與自然相關的作品時，總是把牛頓的《原理》(*Principia*)當作背景文獻，而他在撰文討論與人類相關的任何事實的時候，背景文獻自然就是盧梭的《愛彌兒》。盧梭為解決問題所做的努力非常重要，值得我們在下文進一步展開討論。當然，另一方面，我也會論證，盧梭的方案包含着致命的缺陷。

　　不過，在進一步展開討論之前，有必要思考一個問題：究竟為甚麼要轉而討論啟蒙運動？抨擊啟蒙運動已很普遍，對它的控訴也不勝枚舉。這裏我只談三點。[6]人們常常把啟蒙運動作為歐洲中心主義而加以摒棄。事實上，它是首次批判歐洲中心主義和種族主義的現代運動，在當時做這種批判經常要冒很大的風險。如今只有學者知道克里斯蒂安·沃爾夫 (Christian Wolff) 這個名字，但在 18 世紀早期，他是德國家喻戶曉的哲學家，年輕時的康德深受其影響。然而，1723 年，沃爾夫接到通知，要求 48 小時之內辭去在哈雷 (Halle) 的教授職位，離開普魯士，否則就會被處決。他犯了甚麼罪？因為他公開發表言論，認為中國人是有道德的，儘管他們沒有基督教。沃爾夫的遭遇並非例外，幾乎所有啟蒙運動的經典文獻都遭到焚毀、禁止，或者只能匿名發表。

---

6　對啟蒙運動更為系統的辯護：可參見 Susan Neiman, *Moral Clarity*, London: Vintage, 2011。

因為不管存在怎樣的差異，它們似乎都威脅到了既有權威，而權威在名義上就是普遍原則，適用於任何人，不管他是基督徒還是儒生，也不管他是波斯人還是法國人。當然，針對猶太人和非洲人的攻擊性評論可以在很多啟蒙時期的通信甚至出版物中找到。這些評論在今天常常備受關注，但像康德抨擊殖民主義這樣的段落往往被忽略：

> 對比一下我們世界這部分已經開化、而尤其是從事貿易的那些國家的不友好的行為吧。他們訪問異國和異族（這和進行征服是一回事）所表現的不正義性竟達到了驚人的地步。美洲、黑人大陸、香料羣島、好望角等等，自從一經發現就被他們認為是不屬於任何別人的地方，因為他們把那裏的居民視如無物。……（他們）造成對土著居民的壓迫、對那裏各個國家燎原戰爭的挑撥、饑饉、暴亂、背叛以及像一串禱告文一樣的各式各樣壓榨着人類的罪惡。中國和日本領教過這些客人們的訪問，已經明智地拒絕他們入內。[7]（康德：《永久和平論》〔*Perpetual Peace*〕，1795 年，第三條款）

如果一個人稱讚中國和日本把歐洲的掠奪者拒之門外，那麼，我們就很難指責他盲目地把西方的做法強加到世界其

---

7　譯文參照康德：《歷史理性批判文集》，何兆武譯，商務印書館，1997 年，第114 頁。——譯註

他地方的頭上。啟蒙思想家是自己時代的產物，又受教於先輩，他們擺脫偏見和先見的抗爭永無終止。這些思想家不僅敢為天下先，譴責歐洲中心主義和種族主義，而且他們還為一切反對種族主義的抗爭必須立足其上的普遍主義奠定了理論基礎。如果忘記這一點，那將是致命的錯誤。

也有很多人批評啟蒙運動高揚人類理性。他們指責說，啟蒙運動的一般傾向，尤其是最偉大的啟蒙哲學家康德，對於理性的態度就像在此之前人們對於上帝的盲目崇拜。這一指控的頻率之高令人費解，因為事實上你只需讀上一小段就可以看出這一批判是愚蠢的。《純粹理性批判》的第一個句子就闡述了理性的限度。啟蒙思想家從來不認為理性是沒有限度的，他們只是拒絕讓教會和國家設置我們思想的限度。理性也並非與情感相對，啟蒙思想家留給這一主題的空間和留給思想的空間差不多一樣多。畢竟，在那個時代，男人和女人可以在公共場所為情景劇流淚。康德說理性是我們的最高能力，因此人們就把他和恐怖統治及薩德侯爵（Marquis de Sade）相提並論，溫和一點則斥他陰沉嚴厲、有點瘋狂。這樣做的讀者完全誤解了他的理性概念。康德所講的理性是一個寬泛的概念，包括邏輯推理和數學能力，以及找到最好的途徑以達到任何你碰巧希望它明天就發生的能力。但在康德看來，這些能力屬於理性中平庸的類別。他所講的理性的真正運用比這些要重要得多，是形成指導我們行動的真、善、美諸觀念的能力。通過這些觀念，理性可以指向本性，從而確證我們最深層的渴望。時下風行的康德漫畫像實不敢苟同。這位啟蒙運動的偶像不是冷酷且癡迷於規則的技術專家，而是莫扎特筆下沉着冷靜的費加羅，以自己的理性能力戰勝了其領主，由此令比任何貴族所能展露出的都更為深沉也更真誠的激情覺醒。

最後一點，近來常見對啟蒙運動導致了生態災難的指責。評論家批評說，在啟蒙思想家看來，合理的東西高於自然的東西，這一傾向使理性與自然相對立，鼓勵人們主宰自然，而近年來我們已經讓這種主宰造成了那麼多事與願違的後果。這樣的批判忽略了以下事實：啟蒙運動更多的時候乃是訴諸自然而不是相反，主張理性的訴求比起任意的習俗的訴求更加自然。甚至更為重要的是，當理性與自然相對立的時候，是為了質疑以下習見：堅信傳統是自然。想一想在 18 世紀初人們一般所認為自然的東西：貧窮、奴隸制、婦女的從屬地位、封建等級制度和各種疾病。直到 19 世紀還會有某些英國牧師認為，解救愛爾蘭饑荒違背了上帝對自然秩序的意志。何為自然，這是有爭議的。啟蒙思想家已經認識到，我們想要廢除奴隸制、顛覆現有的等級制度或治療疾病，就必須能夠證明它們並非世界運行的必要內容。甚麼是自然的，甚麼是反自然的？有能力提出這樣的問題是邁向一切進步的開始。啟蒙運動追求道德上的進步，只有能給人類帶來更多福祉和自由的時候，技術進步才是值得追求的。顯然，我們不可能預見啟蒙運動所啟動的技術進步導致的每一個結果。但是，在因為某些我們可能不想要的技術進步而責怪啟蒙運動之前，我們最好還是稍微停一停，感謝一下那個由啟蒙所推動的讓我們的壽命延長一倍的進程。我們正在此延長的生命中抱怨啟蒙。

為何要轉向啟蒙？因為沒有比這更好的選擇了。拒斥啟蒙運動只能走向前現代的鄉愁或後現代的懷疑，哪裏有對啟蒙的爭議，哪裏就有現代性的危機。捍衛啟蒙就是捍衛現代世界，捍衛所有隨之而來的自我批評和轉化的可能性。投身啟蒙，就是投身於理解世界以便讓世界變得更加美好。21世紀的啟蒙必須拓展 18 世紀的啟蒙工作，診斷自由所面臨的新威脅並改善社會正義。成長有賴於自由和社會公正二者。

## 打破枷鎖

成長的正確道路和盧梭看到的規範是相悖的：

> 我們本來是要做成年人的；而法律和社會又把我們變成了孩子。達官、富人和國王，全都是小孩，他們看見別人殷勤地去減輕他們的痛苦，就產生了一種幼稚的自大心理，並且以得到別人的照料而感到驕傲，他們沒有想到，如果他們是成人的話，別人是不會對他們如此

殷勤的。[8]（《愛彌兒》，第 85 頁）

據説查理斯王子有個僕人幫他把牙膏擠在牙刷上，這或許會使我們想到從盧梭發出哀歎以來，世事發生了多麼大的變化。但老實説，我們當中很少有人真的為這一點而羨慕查理斯王子。盧梭的警示適用於我們當中那些置身於更大的牢籠之中的人，雖然他們的牢籠沒有那麼華麗。盧梭已經清晰地闡述了文明使我們幼兒化的諸多方式。他認為人生而自由，但卻無人不在枷鎖之中。這句名言出自《社會契約論》（*Social Contract*，1764 年），但他在第一篇論文中就表達了這樣的看法。《論科學與藝術》（*Discourse on the Arts and Sciences*，1749 年）挑戰啟蒙運動最基本的假定 —— 科學與藝術是取得進步，尤其是實現自由的唯一方式。他寫道，科學與藝術不僅不會使我們進步，反而會奴役我們。他們用來獲取自由的工具反而成為點綴，並掩蓋束縛我們的枷鎖的花環。"需要立起了王座，而科學與藝術則使得它們鞏固起來。"文化沒有政府本身那麼專橫，卻比政府本身更加有力，它使我們愛上自己的奴役狀態，説服我們這是文明帶來的成果。熱衷名利，貪圖享樂，二者是我們一切弊病的根源。一者令我們為其一道德敗壞，另一者令我們陷入痛苦。

---

8　譯文參照盧梭：《愛彌兒：論教育》，李平漚譯，商務印書館，1996 年，第 82 頁。後文《愛彌兒》引文翻譯均參照此譯本，不再另註。—— 譯註

貪圖享樂敗壞一切：富人生活奢靡，窮人覬覦富足的生活。更糟糕的是，它把人變成市場價值，讓我們像對待牲口那樣給人估價。盧梭不是一個苦行主義者，《懺悔錄》中的很多段落讚頌美酒帶來的愉悦，《愛彌兒》中描寫對新鮮水果的喜愛的語句引人入勝。任何一個具體的物件（美食或最新的高科技玩具）本身都不是邪惡的，問題在於它們製造虛假的需求並令我們產生依賴。購買最新款智慧手機所帶來的快樂，比起忘記給它充電所產生的焦慮與困擾要短暫得多，突然間你感到無助。就連接受高科技比較慢的人，也不記得沒有這些技術之前的生活是甚麼樣了。統治社會的人進一步強化了我們的依賴性。他們利用所掌控的權力，盡一切可能培養我們對奢侈品的口味，讓我們誤以為擁有的奢侈品愈多就會愈性感、愈滿足。他們借此分散我們的注意力，讓我們不再思考真正限制我們生活的問題。你可以走進電子產品店，選擇令人眼花繚亂的智慧手機。但是，對於代表你的政府、政府從你身上收取的稅金的使用以及限制你的法律，你有多少選擇的餘地？

　　智慧手機弊大於利，盧梭的第一個著作《論科學與藝術》說到底就是這個意思。1750 年它在巴黎引起強烈反響。其他哲學家也抨擊過享樂，例如，伏爾泰寫道，撒旦的錯誤在於用苦難試探約伯，因為我們更容易在感到痛苦而不是感到非常適意的時候轉向宗教。粗淺來説就是散兵坑裏沒有無神論者。但是這樣的批判缺乏盧梭的複雜性，20 世紀的馬克思主義者馬爾庫塞（以及不怎麼明晰的阿多諾和霍克海默）再次提出了與盧梭類似的論證。如果我們花時間仔細觀察它們，就會看到它們依然十分有力。到目前為止，你也許會認為它們適用於喬布斯或溫圖爾（Anna Wintour），但不適用於創造更高形式的文化的人。那作家、評論家、藝術家和哲學家又怎麼樣呢？他們所做的事情可是面對事情的真相。盧梭說，這些人的命運最糟糕。首先，他們和所有人一樣，都難以抵擋享樂的誘惑，而且更難以抵擋虛榮的誘惑。所以，他們編造正當理由使他們的事業和世界像現在這樣運轉，在捆綁他們的枷鎖上編織合理化的花環。對他們提出具體而嚴肅的質疑的人就顯得自以為是、絮絮叨叨甚或庸碌無為了。

這三個指責盧梭無一幸免。《論科學與藝術》一發表就被評為傑作，使這位 38 歲的流浪漢在巴黎引起了轟動，直到沙龍裏的人們意識到他寫這篇論文的用意不只是為了贏得第戎學院徵文頭獎，他完全是認真的。盧梭繼而寫了《論不平等的起源》，指出不平等和私有財產是人類一切苦難的根源，似乎在倡議人們回歸到自然狀態。對文明的攻擊出自一位無師自通的天才，巴黎人已對他屈尊俯就，這樣的事實令人難堪。下面是伏爾泰寫給盧梭的信，以酬答這位年輕人寄給他《論不平等的起源》：

　　　　先生，我收到了您的新書，它是反人類的……從來沒有人運用這麼多聰明才智把我們變成野獸。讀你的書讓人覺得自己是用四肢着地行走的。然而，六十多年前我就已經改掉了用四肢在地上爬的習慣，很不幸我不可能再重新拾起這個習慣，我把這種自然的步態留給比你我更值得擁有它的人。（《致盧梭的信》，1755 年 8 月 30 日）

伏爾泰應該沒有認真讀過盧梭的書。還必須指出的是，直到今天依然有很多人附和伏爾泰的看法，認為盧梭呼籲回歸自然狀態。但並非如此，雖然盧梭也認為自然狀態比我們所處的狀態要好得多。只泛泛讀過盧梭自認為最富才華的佳作《愛彌兒》的人可能會贊同那些哲學家的質疑：盧梭主張，要想發展成熟的道德性格需要禁止孩子接觸書籍和社會，這是要求孩子拒絕所有書籍和社會提供的東西。這些讀者應該讀得更仔細一些，因為《愛彌兒》是有史以來最清晰最詳盡的啟蒙運動指南。如果愛彌兒最初處於無知狀態，那麼更好的辦法只能是擺脫無知。

《愛彌兒》旨在記錄將一個普通男孩放在能使他成為真正自由的成年人的條件下撫養的實驗。盧梭心中設想着整個實驗。如果我們知道在 18 世紀，像化學這樣的學科不是在實驗室裏而是通過所謂的理性分析進行研究，盧梭的實驗就不會顯得那麼荒謬可笑了。即便在自然科學中，思想實驗也是實驗，就像其他實驗一樣。事實上，《愛彌兒》是一本體裁難以歸類的書。書的第一個句子陳述了神義論觀點 —— 為造物與造物主辯護，書的最後是一部感傷小説的圓滿結局。中間則是關於如何撫養孩子的第一份現代指南，混雜着對官方教會的強烈抨擊和對認識論及政治的反思。它對我們身體的關注敏鋭明晰，説它異想天開也不為過。在問它是否屬於啟蒙運動之前，我們不應該先問問它是否屬於哲學作品嗎？

這是一部對啟蒙運動和哲學都提出了問題的書。讀完它，你對啟蒙運動和哲學都會有新的理解。如果你把《愛彌兒》和盧梭在寫這本書時從未或忘的柏拉圖的《理想國》對照起來看，書中提出的問題就不會顯得那麼奇怪了。如果想到第一部西方哲學著作同樣在幻想和論證之間運思，用神話和不是推理的東西打斷原來的思路，插入關於正當男女關係和錯誤韻律的討論，中間還包含顯而易見的形而上學，那《愛彌兒》就不會顯得那麼怪異了。兩部書都涉及政治理論，都旨在回答康德所講的德行與福報如何統一的問題：我們在世間的所作所為，難道不應該和世界給我們的回報相關嗎？學會正確處理這一問題乃是成年之路上唯一至關緊要的任務。

《愛彌兒》試圖為彌合理性與自然之間的裂縫提供基礎，這條裂縫在其他地方像一道撕開的傷口。為了看清這一點，有必要認識到《愛彌兒》不僅僅是一部哲學作品。和很多在它的基礎上寫成的頗有影響力的教育著作不同，它也要求我們恰當地把哲學作為成長的一部分。在盧梭看來，哲學與啟蒙運動是同一項事業，這也內在地關聯着《愛彌兒》的主題：健康成長。《愛彌兒》的顯著特色首先在於，即便作為一套撫養孩子的指導，也與後來康德所說的為自己思考緊密相連，盧梭將此視為一個嚴肅的任務。那些呼籲消滅醜行（écrasez l'infâme）的哲學家實際上強烈依賴習俗，與之不同，愛彌兒將被撫養成一個不沾染習氣的人。從小訓練獨立思考是為了長大後成為獨立思考的人。或者反過來：孩子被咿咿呀呀的兒語圍繞，學童在老師的喋喋不休前被迫乖乖端坐，那他就不會聽到政客的空洞謊言時有所拒斥。盧梭知道拒絕自己思考是多麼的容易，他提出的訓練並非易事。他的處方古怪地混合着無限的愛和顯見的殘忍。就後者，他堅持認為，只有想讓孩子永遠處於嬰兒狀態的人才會覺得殘忍。他這樣抨擊普通教師：

> 當你事事都在替他着想的時候，他還動甚麼腦筋呢？他知道你會替他觀看天色，他無需去猜是下雨還是不下雨。他既然放心你不會讓他錯過吃飯的時間，他又為甚麼要計劃散多久的步？你徒然使他的身體呆笨，而沒有使他的心思靈活。而且，由於你叫他把僅有的一點理解力用之於對他沒有用處的事物，結果反而損害了理智在他心目中的價值。（《愛彌兒》，第 118 頁）

孩子到了 12 歲才能學習閱讀、寫作和算術之類的東西。盧梭的智力發展觀建立在這樣的信念之上，即感官比理性發育得早，這一點在經驗中就非常顯然，幾乎不需要像洛克這樣的哲學家去確證。但是，感官比理性發育得早只是一個時間順序問題，它並沒有賦予感官居於理性之上的特殊權威。在盧梭看來，把兒童時期描述為"理性的睡眠"是很有道理的。以這些近乎瑣碎的觀察為基礎，盧梭建立了一套為後來的心理學家普遍認同的道德發展理論。孩子並非天生就按原則行事，大多數成年人更是無法做到。如果我們希望孩子有可能這樣做，就必須採取一種與他們的天性發展相合宜的教育。

要明白這一觀點在當時曾是何等激進，不妨看看盧梭時代之前的兒童肖像。委拉斯凱茲所畫的西班牙孩童即是一例；有地位的父母請畫家為自己的孩子畫肖像，都會把孩子打扮成拘謹正式的樣子，雖然華麗，實際卻是父母衣着的縮小版。盧梭要求給孩子穿舒適的衣服，可以弄髒，這在一個品牌牛仔褲流行的時代來看可能沒甚麼，但它與盧梭堅持的主張相關，童年並非是一種成年的劣等品，而是一個有其自身價值的生命形態。所有穿過工人褲、運動鞋，捏過泥團的人都要感謝他，我們中那些受母乳餵養長大的人或用母乳哺育自己孩子的人也應該感謝他。在盧梭的時代，負擔得起的女人把孩子交給乳母養育。盧梭堅持嬰兒從出生那天起就應該由母親來撫養。康德在他的教育學講座裏採納了這一主張。這一細節也告訴我們，哲學的範圍可以有多廣。

**一本書也不要**？盧梭抨擊文化是出於意識到文化的力

量。他極度清楚文化可以怎樣牢牢地奴役我們。讓我們來看看文化奴役我們的方式：如果你夠幸運，它可以給你帶來收入；只要有人鼓掌，它還可以給你些微的自尊感；它甚至可能給你帶來絕妙的時刻，你享受其中以至於忽略了這個世界更重要的倫理面向。只有充分意識到文化的力量才能意識到文化控制我們的能力。盧梭描述了文化束縛我們的機制，相形之下，以為文化是獲得自由的工具這一樂觀的啟蒙運動信念過於膚淺了。這就好比一個一輩子都在調情逗樂的人寫了一篇愛情頌歌，卻發現眼前站着的是一個心碎的男人。正因為盧梭的意識精微又強烈，他解放自己的努力才會令他墮入痛苦："我想做的不過是對付一個騙人的行當，從事這一行當的人都認為自己在追求智慧，而其實他們只是愛慕虛榮。"[9]凡是讀過盧梭對哲學的批判，卻從未發現這種噴薄而出的衝擊力的人，不是聖人就是騙子。

一個如此脆弱的男人如何完成將一個孩子教育成年的使命呢？小愛彌兒不允許看書，不是因為盧梭鄙視書本，而是因為他太珍視。愛彌兒學習自然而然引發他興趣的東西，而不是迫於體罰強制，或者更微妙地出於想在長輩面前表現的心理，而去學那些死記硬背的東西。愛彌兒在森林裏上天文

---

9　Jean-Jacques Rousseau, "Observations", in *The Discourses and Other Early Political Writings*, ed.Victor Gourevitch, Cambridge: Cambridge University Press, 1997, p.35.

學的課，老師在黃昏時分把他帶到森林，愛彌兒很餓，需要學習辨認星星的位置，以便指引他回家。他要弄清梯子放在甚麼角度可以摘到櫻桃，繩子要吊多高才能拴住鞦韆，這便是學習數學的過程。以獲得自由為目的的教育，每一步都應該自由地選擇。愛彌兒十歲時，他“不懂得甚麼叫成規和習慣，他昨天做的事情，絕不影響他今天做的事情：他絕不按老一套的公式辦事，絕不怕甚麼權威或先例，他覺得怎樣合適，就怎樣做，怎樣說”。（《愛彌兒》，第 160 頁）

他學會最重要的事情就是尊重自然世界給出的限度——除此之外，別無其他。孩子應該順從自然的力量，但絕不服從他人的命令。盧梭認為，一般對待哭泣的嬰兒的方式助長了錯誤的需求和他決心避免的主從關係。他告訴我們，哭泣的嬰兒很快就知道，滿足了最初關乎溫飽的真實需求之後，他可以接着哭，以此來操縱身邊大人的意志。如果我們允許他這樣做，他很快就會知道控制大人的意志要比控制或適應事物更有價值。這就意味着，他首先想到的是控制與服從。如此還會導致迷信，因為孩子會將意志加諸自然事物甚至整個世界。因此，盧梭告訴我們，要讓孩子大哭，因為很重要的一點便是，“讓他早點習慣不能給別人下命令，因為他不是他們的主人，也不能對事物下命令，因為它們聽不到”。然後他舉例說明，孩子不會認為自然的痛苦是不公正的，也不會把自然的限度看成是限制。“餅乾沒有了”和“你不能在晚餐前吃餅乾”引發的反應截然不同。如果要把孩子教育成追求自由的人，就必須教育他順從自然的要求，而非順從其他。如果他打破了窗戶，他受到的懲罰不是人為的處罰，而是他睡覺時只得受凍。

盧梭於《社會契約論》中提出"人必須被迫享有自由"，在他對我們是如何（帶着社會的祝福）進行自我奴役的分析的映照下，就顯得不那麼突兀了。一些批評家仍然指控愛彌兒的自由是虛幻的，因為他一天到晚被無所不在的教師看着，教師能操控他所處的環境，使所有的前因後果看起來都是自然的。你如何把一個孩子教育成自由的人？自由不只是你被允許做甚麼事，盧梭和康德告訴我們，自由是你遵守你為自己設定的準則的能力。自由不能被簡單地看成是做你現在想做的任何事，那樣的話你會被任何一時的興致和一閃而過的念頭奴役。真正的自由意味着控制你整個生活，學會做計劃、承諾和決定，為你的行為結果負責。一個孩子，比如彼得·潘，如果他受着慾望的擺佈，怎麼可能學會這些？怎麼可能發展出有能力支配自由的自我？

記住：一個自由的孩子只服從事物的必然性，而不是屈從別人的意志。所以別人不能命令他，即便是最好的老師和父母。不管他們的命令多麼合乎情理，孩子會把它們看作是另一個意志的武斷表達。因此，愛彌兒的老師要想決定愛彌兒的意志而不至於引起他的不滿，就必須讓事情看起來合乎自然的必然性。這樣做培養了愛彌兒滿足自己願望的感覺，從而使他體驗到怎樣用自己的力量和理性做自己樂意做的事情。這讓愛彌兒嚐到了自由的滋味：既不做自己一時念頭的奴隸，也不做他人意志的奴隸。我們可以把它叫做管理之下的自由，讓愛彌兒在快樂中學會自立，同時控制環境讓事情不出一點差錯，從而拓展愛彌兒對自由的體驗。

《愛彌兒》書中有很多顯然率性而為的建議，其中有一個是這樣的：

> 很多夜間遊戲。這個辦法的重要性，遠遠不是從表面上看得出來的。黑夜自然令人恐懼，有時候動物也感到恐懼……我曾經看過一些辯論家、意志堅強的人、哲學家和白天很勇敢的軍人，在夜裏就像婦人一樣，聽見樹上掉一片樹葉也會打哆嗦。有些人說這種恐懼感是由保姆所講的故事造成的，這種說法是錯誤的；這種恐懼感的產生，是有一個自然的原因的……這個原因不是別的，就是那個令人猜疑和迷信的原因：對周圍的事物和周圍的變化不了解。（《愛彌兒》，134 頁）

不同於意志堅強的人及哲學家，盧梭忍不住再次抨擊他們，愛彌兒不會陷入迷信，也不會恐懼黑暗。盧梭告訴我們在最日常的生活實踐中應該怎樣做才能讓我們對自然權威之外的一切權威免疫，他填補着其他啟蒙思想家僅僅只有空想的論域。人們極其自然地用光明與黑暗來比喻理性與迷信的對立，甚至可以追溯至阿肯那頓（Akhenaten）——那位在摩西之前創建一神論的埃及法老。歐洲語言中每一個表示"啟蒙"（Enlightenment）的詞彙都含有"光"（light）和"明晰"（clarity）之意。

阿肯那頓只是一個粗人，但盧梭很認真看待他這個比喻。他們想為人類帶來光明嗎？盧梭讓他的孩子在夜裏隨處走動而不懷恐懼，對待其他形式的民主理想也是如此。比起批判他的人，盧梭和工人階級要親近得多，也更希望讓工人階級接受啟蒙思想。沒有人像休謨那樣清楚地主張，既然只有極少數明達的人能夠擺脫習慣，那就聽任人們受制於習慣吧。也沒有人像伏爾泰那樣憤世嫉俗地認為，他的著作就是要顛覆大眾的迷信。不過，大多數人都會心照不宣地認定，由於良知健全程度不同，啟蒙應該僅限於中產階級。盧梭的看法則不同，因為《愛彌兒》的要點在於，任何一個普通的男孩都可以成長為能夠生活在啟蒙夢想中的人：不僅是成為以自由為第一要義的人，而且最終要成為哲學家。

愛彌兒的教育使他能夠擺脫國家權威的枷鎖以及掩蓋枷鎖的花環。而到了青少年時期，他不僅讀書，而且他可以接着寫書。書中兩次告訴我們，愛彌兒會不知不覺中成為一名哲學家，"如果他寫書，不是為了討好權勢而是為了建立人的權利"（第 458 頁）。可以肯定的是，康德領會了這層意思。我們看到康德説盧梭改變了他的一生，因為盧梭讓他明白，除非他的學術有助於確立人的權利，否則他所有學術上的成就不如一個普通勞工的工作有價值。

愛彌兒接觸文化不能太早，這一點的根據，一是盧梭對他那個時代的學生一天到晚死記硬背的做法感到憤慨，二是他對孩子成長的經驗觀察，以及《論人類不平等的起源和基礎》（*Discourse on Inequality*，1755 年）所提出的人類發展理論。按照盧梭的理解，在人類歷史上，野蠻人彼此孤立地生活着，直到自然的意外使他們大致組成羣體居住在一起。要是沒有文化和性，羣居方式也許仍然是美好的。文化與性同時誕生，捆綁着將我們拖入了虛榮的怪圈，造成我們至今仍擺脫不了的不平等。如盧梭所說，其他物種只想着交配繁衍，而人類的慾望不止於此，他有被慾望的慾望 —— 這是性的要素裏人類所獨有的。這種慾望促使原始民族發展出最初形式的文化：用彩繪和羽毛裝扮自己，發明出歌舞吸引異性。最終，我們永遠處在競爭狀態之中，而且，沒有能力看清自己，只能看到他人眼中投射出來的自己。這兩個事實嚴重毒害文明的進一步發展。

文化與性同源，而且兩者相互助長。愛彌兒不需要文化，直到進入青春期才需要，至那之後就極需要文化。此時，歷史和詩歌可以教給他需要了解的關於人類的心靈和靈魂的方方面面。通過把自然的驅動轉變成對理想的情慾對象（集善良與美麗於一身的女性）的追求，教育者可以創造出一種對理想本身的愛，這種愛可以引發真正具有價值的奮鬥。如果處理得當，性慾可以成為自利與道德之間的自然紐帶。

和很多人一樣，盧梭探尋文明社會成員間的正當聯繫。霍布斯工具主義的社會契約假定我們只能因為恐懼而聯繫——彼此間的恐懼，對無政府狀態的恐懼。而依照標準的啟蒙觀念，我們自然而然就是社會成員，這一預設又未免太過了。盧梭認為，我們的本性既沒有他的先賢說的那麼壞，也沒有那麼仁愛。儘管我們易於同情，但跟其他動物一樣，我們關心的首先是自身的自由。不過，有一種行為，在此之中你的利益自然就會和另外一個人的利益相合。理想狀態下的情愛能夠化解人類慾望之間的緊張。因此，盧梭認為，男女之愛可以成為建立良好社會的基石。在引入這個主題之前，盧梭剛討論完宗教，他拒絕了神恩的拯救，因此我們也就不需要宗教教育。無怪乎教會認為他的書應該燒毀。愛彌兒將在愛中而不是在宗教裏找到自己的救贖。為了使愛彌兒在情愛上專一，他的導師描述了一位名叫蘇菲（Sophie）的理想女孩。如果明白盧梭傳達的訊息，我們會注意到，取這個名字絕非偶然。"Philo-sophia"（哲學）意味着愛智慧，愛彌兒會同時找到愛與智慧。

在書的結尾，盧梭如此癡迷於自己的創造，不由得跳到了第一人稱：正是尚－雅克這位完美導師迫使（促使、引導）愛彌兒成為自由的人。關注着愛彌兒和尚－雅克成長之旅的當代讀者，很容易在最後一卷感到遲疑 —— 不是因為它變成了一部結局圓滿的情感小說，而是因為它是我們絕大多數人都不能接受的結局。盧梭對男孩教育的主張強硬激進，而他對女孩教育的議論則令人失望。男孩要在不受習俗羈絆中成長，而女孩則要培養成循規蹈矩的人。因為，盧梭說，男人應當只順從自然權威，而女人則要順從男人。這樣的觀點在18 世紀的任何角落都開始顯得反動。伏爾泰鍾愛的情人沙特萊侯爵夫人（Madame du Châtelet）既翻譯牛頓的書籍，又撰寫物理學論文，這些顯然是她魅力的一部分。且不管盧梭怎麼看待伏爾泰。眾所周知，盧梭尊崇柏拉圖，而柏拉圖的《理想國》主張，接受同等教育的男人和女人將具有同等的能力、權利和責任。但柏拉圖在哲學史上是一個異數。直到兩千年後才有約翰・斯圖亞特・密爾（John Stuart Mill）撰文批判性別歧視。我無意猜測為甚麼盧梭倒退了這麼一步，但我認為他關於女性教育的無稽之談不會危及他的理論核心。我們不難重寫《愛彌兒》的最後一卷，讓蘇菲和愛彌兒接受同等的教育，讓這兩個同樣不受習俗束縛的自由人之間的愛成為自由社會的基礎。不過可惜的是，我們將會看到，除了第五卷之外，《愛彌兒》還有其他問題。

　　儘管後來證明《愛彌兒》在哲學史和教育史上的地位舉足輕重，但在當時它一出版就遭到了攻擊。教會焚毀它，因為它抨擊宗教教育，而宗教教育正是教會企圖繼續掌控政治權力的最後一根稻草。更有意思的攻擊來自盧梭從前的朋友，他們大都是人身攻擊，針對人而不是他的著作。哲學家一般不該如此行事，但是，面對一個在作品中代入強烈自我意識的人，這樣做或許也說得過去？無論是揭露高級文化的自我欺騙，還是檢討自己的過失和罪惡，盧梭的著作始終貫穿着對真與誠的追求。如果他自己的行為與他極力宣揚的原則大相徑庭，他難道不應該負責嗎？

　　這是盧梭竭盡全力要回答的一個問題，至少就他的著述而言：一個強烈反對文化的負面影響的人，為甚麼還要繼續創造文化？他承諾，自己的作品都沒有自己所反對的東西，也就是說，他只創造使我們變得更好更自由的作品。他甚至說，如果讀者覺得他沒有達到自己的標準，可以焚毀他的作品。他還指出，別人可以批評他的創作實踐沒有達到他所提出的原則，但即便這樣的批評能夠成立，也只能證明他做得不夠好，但原則本身並不受影響。他寫道，是理性告訴我們目標，但激情可能使我們偏離目標。通過正確的教育，理性與激情可以結合起來，但是很少有人能有幸接受正確的教育。別人是這樣，《愛彌兒》的作者不也是這樣嗎？歷史上鮮有人公開承認不光彩的行為，或為了追求真誠而去質疑自己的動機。畢竟，正是盧梭自己提醒我們，他拒絕國王的津貼可能主要是因為擔心要在宮廷上講話，而不是出於對自由的高貴渴望。他對自知之明的追求超乎尋常，可以公正地說，他獨自發明了"不誠"（bad faith）這一概念，後來法國存在主義進一步探討了這種特定形式的自我欺騙。

但是，如果不是質疑盧梭因論證文化顛覆道德而名聲大噪之後，繼續創造了天才的作品，而是質疑他一邊創作一部強調孩子撫養之重要性的傑作，一邊拋棄五個嬰兒，那會怎麼樣呢？即便對於容易縱容人性缺陷的人來說，恐怕也很難接受理論與實踐之間如此大的差距，尤其是在他們得知18世紀法國育嬰堂的死亡率後。盧梭的終身伴侶、不識字的洗衣女工特麗莎生下來的五個孩子全都被送進了育嬰堂。很久之後，盧梭懺悔說，他的生活狀況不允許他用應有的方式撫養孩子。的確，他的經濟狀況朝不保夕，而且常常東奔西逃，無論是因為他引發的爭端還是他所遭受的政治迫害。這不是撫養孩子的理想環境，更不必說和監護愛彌兒所需要的超常奉獻相比了。然而，既然法國育嬰堂裏八成棄嬰都會夭折，把他們放在家裏撫養不是更好的選擇嗎？

盧梭對抽象意義上的孩子充滿柔情，但卻冷酷無情地決定了自己孩子的命運，這兩者之間無法調和。歷史上大哲學家包括盧梭的批評者在內幾乎都沒有孩子，指出這一點也許可以稍微動搖盧梭批評者的權威，但無法提高盧梭的威望。畢竟正是他強調，父親的責任遠不止於生養孩子。

這人是個瘋子嗎？在他有生之年，很多人這樣說；在他死後，有更多的人這樣說。精神分析學家斯塔羅賓斯基（Jean Starobinski）是最偉大的盧梭解讀者之一。他認為，對盧梭所做的一系列診斷，在精神分析史中的意義勝過對於研究盧梭個人的意義。對這些診斷的考察超出了本書的範圍，但是，即使不對盧梭生平進行更多的討論，我們也會因為盧梭觀點中深刻的矛盾而感到困惑。盧梭本人第一個指出這一矛盾，但這絲毫沒有減少我們的困惑。《社會契約論》的研究從"人類的實際情況與法律所應當是的情況"着眼，而《愛彌兒》提出的策略則是，在實際的法律之下把人類培養成他們應當是的樣子。看起來，這兩個方面互為前提。如果盧梭在任何其他意義上沒有瘋，他的作品不正表明他嚴重脫離現實，從而至少可以認為他頭腦不健全？

"提出可行的辦法"，人們一再地對我這樣説。同樣，人們也對我説，要實行大家所實行的辦法；或者，最低限度要使好的辦法同現有的壞辦法結合起來。在有些事情上，這樣一種想法比我的想法還荒唐得多，因為這樣一結合，好的就變壞了，而壞的也不能好起來。我寧可完全按照舊有的辦法，而不願意把好辦法只採用一半，因為這樣，在人的身上矛盾就可能要少一些：他不能一下子達到兩個相反的目標。

因此，盧梭在《愛彌兒》的序言中已經預想到人們的反對意見。一個社會既珍視個體自由，又高度重視社會紐帶，這矛盾嗎？有沒有可能在一個社會中，人們一方面包容多樣性、對陌生人友善，另一方面如有必要可作為驕傲的愛國者為國捐軀？能否平日的生活節儉不奢，但在固定的節日裏豪飲作樂？一個理想的人能否在溫和謙虛、仁慈大度的同時又英勇剛毅？愛與性的結合能否不僅使彼此而且使社會本身的紐帶變得更強韌？這些是盧梭所描述的理想社會的特點，在這樣的社會裏所有真正人性化的需求都將得到滿足。他是第一個敢於提出這樣問題的人：如果我們得到了這一切，又會怎樣？

他很清楚這項事業的困難程度。"我之所以提出我們必須設定目標，並不是說我們一定能夠達到那個目標，而是說，誰愈是向着那個目標前進，誰就愈會成功。"他也是第一個提出如下見解的哲學家：我們把某些限制看作人類境況的一部分，但實際上這些限制是我們自己設置的。人們批評他的想法違背了人性，他對此的回應簡單而真實："我們不知道我們的天性允許我們成為甚麼樣的人！"我們的確不知道。在過去的五十年裏，一些對人性非常根深蒂固的看法被顛覆了，只要想一想西方對於性別、種族和權力的觀點的改變。盧梭在他有生之年克服了許多被認為是自然賦予的限制。在那一時代，基於對人性理解的變化，發起了真正的社會重組。如果我們不再將注意力集中在新形式的技術進步上，並允許盧梭幫助我們思考其他的可能性，那麼，我們可能正生活在那樣的時代。

生活包含的可能性比你被告知的要多，這樣說並非聳人聽聞。那麼，關於實現盧梭教育實驗的可能，我們可以說些甚麼呢？愛彌兒成長所需要的條件幾乎不可全備。首先，需要一個全職的監護人全力監護二十年左右。即使你贊同盧梭，認為世界上最重要的事情是以正確的方式養育孩子，你還得賺錢養家。即使你不需要賺錢養家，你還可能生了一對雙胞胎。監護人需要全心專注於一個孩子，那小孩就不應有兄弟姐妹。我們得回到傳統的勞動分工，讓女人專職負責照顧孩子，但即便如此也不足以達成盧梭的計劃。愛彌兒在鄉下長大，遠離社會的種種誘惑，而如今偏遠的鄉村都裝有寬頻，這一點也很難做到。所有這些條件在盧梭的時代都很難達到，在今天就難上加難了。不過，它們在原則上不是不可能，只是邏輯上非常複雜。在閱讀《愛彌兒》的過程中，你會傾向接受這些條件，因為它們是按照邏輯一步步令人信服地推演出來的。

不過，康德說得好，邏輯是理性最不重要的成果，而且盧梭方案從某個方面來看不是在邏輯上不可能，而是在形而上學上不可能。監護人關注愛彌兒的方方面面，遠遠超乎最具奉獻精神的父母的想像。而且，他的出發點不是愛彌兒的安全或舒適。盧梭堅持說，孩子跌倒造成不危及健康的擦傷，遠比嬌生慣養讓孩子無法自立要好得多。後來康德也贊成這樣的看法。監護人關心的不是愛彌兒身體的安全，而是道德的安全。為了確保這一點，監護人必須完全掌控愛彌兒的世界。用正確的方式養育孩子就要求他的世界一直是合理的。愛彌兒從未經歷過實然和應然之間的差距，美德和幸福總是如影隨形。他的每一分努力都自然地得到回報，不是因為記住了幾何學定理得到了空洞的分數或表揚，而是在計算出梯子擺放在甚麼角度才可以爬上去以後，從樹上摘到了櫻桃。無論發生甚麼樣不開心的事情，都是自然的必然結果。如果他拼命吃垃圾食品，就會肚子痛。愛彌兒成長的環境中沒有僕人和主子，所以他既不會傲慢無禮也不會奴顏婢膝，而是平等地對待他見到的為數不多的人，因為除此以外，他不知道別的方式。他未曾見過不公平或專橫之事。

以這種方式撫養長大的孩子很可能就自然而然地有道德了，因為他相信世界以它應有的方式運轉。如果出現了不合理，監護人會介入，想辦法讓它看起來是自然的必然結果，所以愛彌兒從來不會察覺到實然和應然之間的差距。但康德告訴我們，只有上帝才有這種能力，（假定）他能看透人類的心靈深處，而且掌控整個自然世界。因此，監護人不僅比世界上所有的監護人更加耐心和氣、有時間，而且在性質上有別於所有其他監護人，因為他擁有一神論賦予上帝的特性：萬能、全知、仁慈。如果愛彌兒的世界出現脫節，監護人總是在那裏推一把，從而在愛彌兒眼中所有的一切看起來都是理所當然的。

**但是想當上帝不是件瘋狂的事嗎？**對《愛彌兒》中的人稱變化感到困惑的讀者很多時候都會有這個疑問。盧梭描寫這個完美的監護人，寫着寫着就變成了他自己，顯然，他被這樣一種幻想衝昏了頭腦 —— 為他希望撫養的孩子掌控整個世界。然而,正是理性而冷靜的康德告訴我們,想成為上帝的願望是人性的一部分。他的這一形而上學判斷試圖提醒我們去反對成為上帝的衝動,更確切地説,康德試圖告訴我們,想變成無所不知的願望是如何影響我們對人類知識的理解的。我們並沒有隨着年齡的增長而摒棄這個願望,因為在康德看來,它是由"理性本身最根本的本性所規定的",但它是我們可以理解和控制的願望。我們無法超越人的限度,這是事實;我們渴望超越人的限度,這同樣是事實。然而,康德倫理學的要義不僅縱容這種渴望而且還為它背書,我們僅僅按照那些我們希望它們成為普遍自然法則的原則去行動。康德的形而上學提醒我們,我們不是上帝,但他的倫理學允許我們假裝自己是上帝。這是一種方法,不是甚麼瘋狂的事。[10]

　　這意味着愛彌兒從未經歷過康德所謂的實然與應然之間的鴻溝。二者之間的差距不僅是由來已久的難題,而且意味着以下基本事實:事情出差錯了。你可能想保護你的孩子免受很多傷害,但是如果你保護他們避開這個問題,他們怎麼會長大呢?盧梭可能並不了解佛教,但愛彌兒的環境與佛陀的父親淨飯王為兒子營造的環境極為相似,他為佛陀修了三

---

10 就這一主題更多的討論見 *Evil in Modern Thought*, Princeton, NJ: Princeton University Press, 2004, pp.78ff。

座宮殿，使他遠離人間疾苦。傳說佛陀二十九歲時冒險從皇宮中出來，看到了衰老、疾病和死亡 —— 那是即便最幸運的生命也無法避開的陰影。這一震撼促使他走向苦行，在過了很多年的托缽行腳生活之後，最終找到一條更溫和的路。愛彌兒受到的形而上教育與佛陀毫無二致 —— 皇宮除外，愛彌兒更喜歡村舍。除了所有可能世界中最美好的東西，愛彌兒對其他一切都沒有準備好。

盧梭認為大多數疾病是因為缺乏合理的飲食和鍛煉。現代醫學已經證實很多疾病可以用盧梭的處方預防，比如呼吸新鮮空氣，多活動，少吃肉，多吃蔬菜水果。不過，沒有辦法證實盧梭更重要的主張：人類不是本能地害怕死亡。他經常提到這一主張，主要是想推翻霍布斯的看法，後者認為，對死亡的恐懼出自本能，所以君王只要能把戰爭推遲片刻，哪怕他保守專制，服從他的意志也是合理的。我們不需要像霍布斯那樣深入，也不用相信恐怖的死後世界，就可以看到徹底虛無的想法多麼可怕。奧地利哲學家讓・埃默里（Jean Améry）在奧斯威辛集中營度過兩年，活了下來，他認為即便是最自然的死亡也是對人類理性的冒犯，比他在集中營裏所經歷的一切還要難以忍受。屬於我的整個世界為甚麼注定要灰飛煙滅？當然，我們學會了接受它是事實，但是不管我們怎麼頻繁地嘗試，都無法想像死亡。原本可能無止境的旅程被專橫地截斷了。我們被賦予做一番事業（無論是心中所愛，還是工作）的能力，但窮盡一生都無法完成它。這樣的事實看起來就像最怪異的宇宙大笑話。可能我們會告訴自己，有死的命運讓人類生活變得更加豐富，也許確實如此。與奧德修斯或安提戈涅相比，希臘諸神顯得平淡無味。斯多葛派對待死亡的冷靜無謂態度，常為盧梭稱道，雖然它看似非常不近人情。不管你如何克制自己，大多數死亡至少會帶來片刻的反射性陣痛：死亡不應該發生。那一刻的陣痛正是實然與應然之間的差距之痛。當它來臨時，即便是無神論者也會感受到那種驅使基督教將死亡視為懲罰的力量，儘管他們可能反對基督教所許諾的永生。

活着的時候，暫時忘記死亡吧。在必須面對死亡之前的很長時間裏，你得面對其他考驗。即便是最幸運的人也會因為世上很多事物不是它們應該有的樣子而備受打擊。如何對此作出回應是檢驗我們是否成熟的關鍵。《彼得‧潘》有一段非常細膩深刻的文字，巴里描述了主人公在胡克（Hook）船長用暴力回報他慷慨的騎士風度時的反應：

> 讓彼得感到眩暈的，不是疼痛，而是不公平。這令他感到非常無助。每個孩子在第一次受到不公平待遇時都會被深深觸動。他走近你時所能想到的權利就是公平。如果他在你這裏受到不公平待遇，他可能依然會愛你，但已不再是同一個男孩。沒有人能夠從他第一次遭受的不公平待遇中恢復過來；只有彼得能做到。他經常遇到不公平的事，但總會忘記。我想這是彼得和所有人

真正不同的地方。(《彼得・潘》,第 113 頁)

你很可能已經記不清第一次遭受的不公平待遇,這大概是因為它發生在很早以前,且隨之而來的還有更多不公平之事。沒有人能夠從他第一次遭受的不公平待遇中恢復過來,巴里的這個說法可能是對的。彼得・潘永遠不會長大的原因在於,跟隨不公平遭遇而來的是驚喜的待遇。所有的不公平遭遇都沒有內化,所以他對世界的信任仍然是完整的。

對我們這些人來說就不是這樣了,《彼得・潘》是一個童話。我們看到,甚至連嬰孩也會感受到世界的不合意並因此感到痛苦。這是異化的開始,但同時也是義憤的開始。如果加以合理的引導,義憤將會成為積極生活必不可少的部分。甚麼樣的引導才是合理的?我們希望我們的孩子儘量不要看到世間的苦難,但要知道即便是佛陀貴為帝王的父親也不能庇護佛陀。而大多數人都不可能擁有像佛陀的父親那樣多的能力。我兒子在十一、二歲時,有一天放學回家,抱怨老師待他不公,我聽了事情始末後認為他是對的。當時我這樣對他說:"這不會是最後一次手握權力的人不公平地對待你。他們可能是迫於威脅,出於嫉妒,或者僅僅是因為累了,他們也許喜歡某個會奉承的孩子或員工,或者僅僅是樂於看到他遭遇挫折。除了學習讀寫和算術以外,你在學校裏還得學會怎樣面對不公而不迷失自己。"這樣的平衡對嗎?遇到太多不公平之後,我已經不會像他那麼憤怒。我們希望孩子對不公正保持警醒，只是不希望孩子被不公擊垮。我很高興對他講了這番話；這比當我是小孩子時，我的父母否認老師有可能不那麼善良要好得多，父母說的話讓我陷入了孤獨、憤怒和深深的困惑之中。他們不是在說，實然就是應然嗎？但問題在於比例。如果大多數老師都是這樣，你就會開始懷疑，是不是讓孩子退學。在只有一位教育者的情況下，盧梭世界裏的學生也不需要學習如何對待不公。回想一下，愛彌兒成長的環境裏沒有主僕、君臣之分。正因為這樣，他學不會容忍不公平。這可能使他反抗不公平。但是，如果他發現不公平帶來了嚴重後果，而他只能報以彼得·潘式的無助和茫然，那該怎麼辦？

這個問題沒有可以依據經驗得出的答案，沒有人會像愛彌兒一樣成長。讓我們留意它應有的價值：即使盧梭更大的目標是讓孩子成為自由的成年人，我們也是因為他才開始關注孩子的成長。他被稱為童年本身的發明者。

> 當我們看到野蠻的教育為了不可靠的將來而犧牲現在，使孩子受各種各樣的束縛，它為了替他在遙遠的地方準備我認為他永遠也享受不到的所謂的幸福，就先把他弄得那麼可憐時，我們心裏是怎樣想法的呢？……他們一生的最初幾年，也好像你們一生的最初幾年一樣，是一去不復返的，你們為甚麼要使那轉眼即逝的歲月充滿悲傷和痛苦呢？（《愛彌兒》，第 79 頁）

這都是很好的問題，但它們不能使我們繞開一個更緊迫的問題：怎樣使孩子準備好面對一個不是那麼合理的世界？

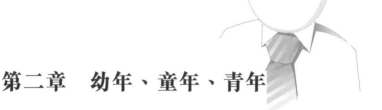

# 第二章　幼年、童年、青年

## 出生這件事

　　嬰兒身上甚麼東西如此吸引着我們？當然，他們吸引我們的程度不盡相同，而且即便是最深情的、初為父母的人也承認嬰兒並不總是令人着迷。嬰兒的節目很有限，陪伴嬰兒一定會有令人厭倦的時候。然而，大多數人都覺得嬰兒施加在我們身上的魔力是難以抗拒的。這一點，以前人們把它歸於上帝，今天我們更願意把它看作一種在進化過程中獲得的優勢。既然沒有大人的關注孩子會死，嬰兒一出生就能引起大人的注意是件好事。

　　在德國猶太哲學家漢娜 • 鄂蘭（Hannah Arendt）看來，我們對嬰兒的癡迷不是偶然的。她在《人的境況》（*The Human Condition*）一書中說出生是一個奇跡：

這個將世界和人類事物領域從通常的"自然"毀滅中拯救出來的奇跡，最終是誕生性的事實（它也是行動能力的本體論根源）。換言之，是新人的出生和新的開始，是由於降生才可能的行動。（第 247 頁）[1]

鄂蘭新創"誕生性"（natality）一詞，刻畫我們是生出來的這一事實，以便與我們熟知的"必死性"（mortality）相對應。人有一死，這在古希臘人那裏佔據核心位置，他們對人的定義就是"有死者"。這一核心想法的痕跡還保留在大多數哲學學生學習的第一個三段論裏：

所有人都會死。
蘇格拉底是人。
因此，蘇格拉底會死。

鄂蘭的導師，德國哲學家海德格爾（Martin Heidegger）對古希臘思想極為推崇，我們在他那裏也可以找到類似的思想痕跡：他認為，死亡意識讓人成為人。鄂蘭反對這一傳統，她對出生的關注是革命性的，把它視作政治思想的核心範疇。（她對美國的熱情主要是因為它是個移民國家：移民在這個國家獲得新生，他們可以不斷地更新它。這一想法值

---

1 譯文參照漢娜·鄂蘭：《人的境況》，王寅麗譯，上海人民出版社，2009 年，第 192 頁。後文《人的境況》引文翻譯均參照此譯本，不再另註。——譯註

得當下把移民視作一個嚴峻問題的歐洲國家考慮。）在鄂蘭看來，生命完全不可能起源於無機物，這一點也預示了每一個行動的特質。

　　人能夠行動的事實，意味着總是可以從他身上期待未曾預料的事情，他能夠完成不可能的任務。而這一點又之所以是可能的，僅僅因為每個人都是獨特的，每個人的誕生都為世界帶來獨一無二的新東西。就這個人是獨一無二的而言，真的可以說在他之前，無人在此。（《人的境況》，第 178 頁）

在波伏娃看來，生命帶來的新意不僅限於出生之頃：

　　如果說，在所有受壓迫的國家，一個孩子的面孔令人動容，那不是因為這個孩子更加令人動容，也不是他比別人更有權利獲得幸福；而是因為他鮮活地確證了人類的超越性：他在注視這個世界，他熱切地向這個世界招手，他是一個希望，一項事業。（《模棱兩可的倫理學》〔The Ethics of Ambiguity〕，第 102 頁）

　　因此，我們對嬰兒的凝視不是，或不僅是被演化程式設計的生存策略，也不純粹是為人父母的癡心。嬰兒是奇跡。這樣的小手指，將來有一天會建造、編織、射擊或撫摸，甚至小腳丫，將來會跳舞、踢蹬、游泳或蹣跚走路。一切皆有可能。鄂蘭把我們的注意力從死亡轉移到出生。西塞羅寫道,哲學的任務就是學習如何死亡。鄂蘭雖然沒有明講,但她把成長變成了哲學的中心任務,強調每個人不確定的獨一無二性,強調我們生命中每時每刻潛在的開放性。心理學家艾莉森‧高普妮克(Alison Gopnik)寫道:"無論何時,只要我們行動,哪怕只是小小的行動,就在改變歷史進程,推動世界沿着這一條而非另一條道走下去。"(《哲學寶寶》〔The Philosophical Baby〕,第 23 頁)這句話從西塞羅時代直到今天都是真理。不過,我們有能力通過自己的行動改變世界,這是啟蒙時代才彰顯的意識之一。在鄂蘭看來,這種意識讓我們堅守信念,長存希望。古希臘人並不看重信仰和希望這兩種體驗的特性,他們把希望視為潘朵拉盒子中最後的惡魔。但是,耶穌誕生所宣示的福音卻對信念和希望大加頌揚。對於像鄂蘭這樣的非基督徒,奇跡並非那次特定的誕生,亦即耶穌的誕生。基督教徒歡慶道成肉身,而鄂蘭看到的,則是每一個孩子出生時都會隱約閃現的奇跡般的信號:一個嶄新生命誕生的奇跡,他很可能會拯救這個世界。

對嬰兒來說,世界本身就是奇跡,世界上的星星點點都是奇跡。看到嬰兒琢磨着一串鑰匙或者一片皺紙,這時你不僅會看到玩耍和科學不可分,而且會感到驚歎和好奇,幾乎可以稱之為宗教 —— 如果嬰兒有神聖和世俗概念的話。我們羨慕那樣一種我們再也找不回的好奇,因為每次好奇的體驗都需要驚訝的元素。高普妮克認為,我們旅行的時候,是像嬰兒一樣地體驗這個世界，我們周圍的新鮮事物引發了更加鮮活生動的意識和注意力。在非常特殊情境裏的某些時刻，確實如此，但無法長久持續。不止一次，我很幸運地能在美到令人窒息的地方小住。我驚愕不已，在頭幾個早晨，我醒來俯瞰科莫湖（Lake Como）和丁格爾灣（Dingle Bay），直到由此而來的驚訝轉化為喜悅，而好奇也隨之消逝了。

一旦嬰兒發現了我們所知道的實情（不過是具有某項功能的一串鑰匙，經常從口袋或手提袋裏拿出來，不是甚麼發出叮噹響的神秘小玩意），他們自己的好奇感就會消失。如果他們幸運的話，就會進行下一次的探險，考察世界的另一個片斷，又經歷一次從吃驚到理解的過程。他們驚奇地觀察、舔舐、翻轉一個東西，有時候將它拆開，從而增長見識，這樣的事情本身就很奇妙。在康德看來，我們的認知能力可用來理解某事物完全區別於世界上的其他事物，光這一點可能就足以證明上帝存在了。還有甚麼能保證我們的認知能力和世界相互合拍，讓我們從周圍數量無限的經驗材料中抽離出萬有引力定律或運動定律？不過，既然康德把上帝的存在問題直接排除在知識領域之外，嬰兒依靠認知能力不斷體驗世界的結果，不是面對上帝的感恩或謙卑，而是一種態度，有的心理學家稱之為信心，有的乾脆稱之為信任。了解到拉一拉繩子，嬰兒牀上的玩具鳥就會拍打翅膀，這時他就已經明白了，這件事取決於他自己，取決於可靠運轉的世界，以及二者的結合。在順利的情況下，他會頻繁地體驗它，從而有理由推斷，這種關係的可靠性是無限的。據心理學家估計，我們在三歲之前學到的東西比以後一輩子學到的都要多。有些東西是濕的，有些是長棍形的，有些很硬會傷到人，有些很軟可以用手捏出不同的形狀，動物不是石頭也不是蔬菜，白天過後是夜晚然後又是白天，孩子會長大成人而樹或獅子卻不會。這樣的發現太多了，根本記不過來，更不用說去數了，但孩子們確確實實掌握了關於世界的這些真理。他們為甚麼不一直這樣探索下去呢？

在一個沒有顯露不可信的世界裏，談論信任幾乎沒有意義，因為缺乏相應的比較。嬰兒沒有別的選擇，只能繼續探索這個世界，彷彿它依然是值得信賴的。他還有甚麼別的選擇呢？幸運的小孩在心智健全且敏感的父母的陪伴下學會了信任。嬰兒掌握了理解世界的基本範疇，比如實體、因果關係、重力等自然法則，此外他學會的一項重要內容，便是其他人是如何反應的。如果因為肚子疼而哭鬧，大人就會給你又溫暖又甜蜜的東西來緩解疼痛。盧梭意識到，嬰兒的餵養方式會影響到成年後的發展，後來的心理學家證了這一點，只是沒有像他說的那麼絕對。美國精神分析學家伯恩斯坦（Haskell Bernstein）反對定時餵嬰兒的做法。他認為，如果定時餵養嬰兒的話：

> 嬰兒捱餓的時間就得更長一些。同樣重要的是，對他來說，飢餓、哭泣和餵食之間不存在一致的相互關

係。餵食和他自己的活動沒有聯繫 —— 飢食平衡的恢復是任意的，嬰兒因不能影響到事情的進展而感到無助。（《做人》〔*Being Human*〕，第 160 頁）

　　當然，嬰兒不會有行動或影響的概念，也沒有媽媽和自我的概念。正是在飢餓、哭泣和餵食的過程中，這些概念才得以形成，而且在很大程度上取決於運氣。如果我們被拋進一個他人起決定作用的世界裏，同樣會感到無助。嬰兒的飢餓需要安撫，正如他的探索需要回應一樣。一個情緒低落或有虐待傾向的監護人是不能滿足孩子的好奇心的。當嬰兒在尋找解決途徑的時候，不稱職的監護人看到的只是亂糟糟一團。每次玉米粥灑出來，總是落在地上。如果我們對這件事情不再感到驚奇，我們就無法對幾乎每個孩子都會展現出來的活潑生氣作出回應，我們一點一點地扼殺了這種生氣。既然我們早已忘記了自己是如何了解到地心引力的，既然我們得負責擦乾地板以免跌跤，我們就不可避免地壓抑某些東西或抱怨某些東西。不過，如果我們對孩子的需求作出足夠的回應，我們就會鼓勵他信任這個世界。

　　心理學家愛利克·艾瑞克森（Erik Erikson）認為，孩子的首要任務是學會信任社會，同時又認為不可能達到完全信任。他說了長牙這件事。再幸福的孩子也不能幸免長牙的痛苦，與此相伴，孩子的世界出現了好與壞的分化。孩童的牙齒從嘴裏長出來，而這張嘴以前是快樂的主要源頭。更糟糕的是，長牙的疼痛只能通過咬東西來緩解，但媽媽卻要把嘴裏的東西拿走。

> 就個體與自己以及個體與世界的關係而言，最早的災難恐怕要數《聖經》裏發生在伊甸園的個體發育傳説。在那裏，世界上第一對男女永遠失去了他們的權利，再也不能毫不費力地摘取曾供他們自由支配的果實；他們偷吃了禁果，激怒了上帝。（《童年與社會》〔*Childhood and Society*〕，第 79 頁）

艾瑞克森認為，長牙具有原型意義，它要我們準備好在我們的一生當中，大多數合理的需求都無法在既定世界裏得到滿足。我們會像彼得·潘那樣把這一點忘掉，在適當的條件下學會不加咀嚼地吞嚥，而這種反應非常重要，沒有它，我們就無法建立對世界的基本信任，以及在世界中航行的能力。"但即使在最有利的條件下，這個階段也會留下關於災難和命運的最初意識，以及對失落天堂的普遍懷念。"（同上書，第 80 頁）艾瑞克森總結道，正是為了擺脱這種失去和分離的感覺，我們必須在一生中保持基本信任。

我們來看看一個已經建立起基本信任的嬰兒。早在他學會説話之前，他就用各種方式和世界打交道。對別人笑，別人就報以微笑。推推某個東西，它就動一動。有上千種弄錯的可能性，我見過嬰兒聽到風吹樹葉沙沙作響就唔唔叫喊，但隨着時間的推移，大人們可以不斷地感受到自己因為看到孩子把事情弄對而產生的興奮，孩子知道了行動以及與世界的互動意味着甚麼。每一個發現都是一次勝利，它肯定了兩件事：孩子自身力量的增長和世界的透明性。孩子在天賦的人之理性傾向的驅使中生長着，去追尋康德所説的無條件的絕對者（Unconditioned）。

用康德的大詞來理解好奇心的一般發展歷程看起來有些牽強，不過，康德對這個過程的描述既自然又直白。理性涉及追問"為甚麼"的能力，這預設了可能性的概念：事物可以是另一番樣子，為甚麼它們恰恰是這個樣子呢？現實則是給我們的東西，不需要我們作出任何有意識的努力，我們需要理性來構想可能性。康德説，理性誕生於我們離開伊甸園之際。在伊甸園，所有的事物都是本來應該有的樣子，我們有甚麼必要去想像事物的另一番樣子呢？

當代心理學家認為，我們從兩歲開始就有了想像與事實相反情形的能力。實驗告訴我們，孩子對新工具擁有的可能性有心理上的預期，並不像黑猩猩那樣採用嘗試錯誤法的策略。顯然，孩子學會説話後不久，他想像事物的其他狀態的能力足以讓他整天問個不停，為甚麼事情是這樣而不是那樣。一旦我們開始問為甚麼，就不會有停下來的點。為甚麼會下雨？因為雲很重，而且水分很多。但是直到搞清楚為甚麼水會聚集，而雲會變重才算真正有了答案。也許你可以向孩子解釋清楚雨、風和雷的關係，但是你解釋得愈好，孩子提的問題就愈多。即使是氣象學家最後也會無助地大叫：因為世界本來就是這個樣子的！一個探索慾還沒有被扼制的孩子很可能會接着問：為甚麼世界是這個樣子的？不止天氣會激發問題，大多數事物都可以引出問題。但是一旦他開始詢問條件（某事物處於現在這種狀態的基礎，因為他現在能夠想像事物的另一番樣子了），任何不能把世界作為一個整體來解釋的答案都是零碎而令人沮喪的。把世界作為一個整體來解釋，就必須回答為甚麼世界作為整體恰恰是這個樣子的。而唯一真正令人滿意的答案可能是：因為它是所有可能世界中最好的。

　　要達到這一點就要達到無條件的絕對者，在這一點上，世界作為整體如此完美，所以壓根就提不出問題了。它不是空間或時間上的某個點，因為在現實中它是永遠達不到的。在萊布尼茨看來，我們不能達到這個點純屬偶然。如果我們能有上帝那樣永恆的生命來追蹤每一個問題，我們就能像上帝那樣無所不知。萊布尼茨的這個說法預先規定了這個世界是所有可能世界中最好的，因為要不然的話我們還是有問題可以問（例如，為甚麼不？）。在康德看來，儘管我們不斷地渴望獲得上帝最重要的兩個屬性，也即，無所不知，無所不能，但我們誰也不是上帝這一事實絕非偶然，這是關於我們最重要的事實。不管我們是否渴望所有可能世界中最好的世界，它不是我們能在其中生活的世界，也不可能是屬於人的世界。

　　如果嬰兒沒有可能性和事實的概念，我們就不能說，他們相信自己所在的世界是所有可能世界中最好的那一個，我們只能說，他們只能假定自己所在的世界是所有可能世界中最好的那一個。如果艾瑞克森的理論是對的，我們在長出乳牙的時候就失去了這一假定。如果無條件的絕對者依然是可以想像的，那麼它顯然就像"安全而沒有任何傷害的、呵護嬰兒的環境，它應該不是一個花園，在那裏嬰兒不需要花一點力氣就可以被呵護備至"。[2]毫不奇怪，我們渴望"永遠安靜平和"的狀態。[3]差不多出於同樣的原因，我們把童年早期理想化了。也許令人吃驚的地方在於，理性發展的最初幾步，即脫離嬰兒狀態邁向自由的最初幾步，會集中想像這樣一個目標：如果這個目標達到了，我們就會回到我們剛剛擺脫掉的不成熟和被監護狀態。然而，從小孩以及形而上學獨斷論者的角度來看，這個過程是可以理解的。康德提出，理性的嬰兒期是獨斷論的，它有一個特徵，那就是孩子對自己的力量以及周遭環境的可理解性持有一種未加反思的自信。康德進而認為，孩子的自信源自理性最初的成功。孩子體驗

---

2　Kant, "Conjectural Beginning of Human History", trans.Allen W.Wood, in Immanuel Kant, *Anthropology, History, and Education*, eds.Günter Zöller and Robert B.Louden, Cambridge: Cambridge University Press, 2008, pp.163-75 (p.168).

3　Ibid, p.115.

着自己與日俱增的能力，周遭環境變得愈來愈融貫，事物愈來愈可以理解。世界是我的世界，看我和我的世界是多麼合拍！而一個孩子，或者一位哲人，沒有沿着這條路繼續往前走，他會強烈地感受到擾亂。萊布尼茲的形而上學是孩子氣的，這麼説並不是侮辱（黑格爾更傾向於稱之為童話）。

世界應該是合理的，正是這一想法引導我們盡力去理解世界。這個想法對於人類理性來說非常自然，我們的經驗也證實了我們能在一定程度上成功地理解世界，我們不能因為有這樣的期望而受責備。萊布尼茲沒有真的認為凡人可以做到這一點，不過他將之歸結為時間問題。在他看來，只要我們的生命足夠長，無條件的絕對者在原則上並非不可企及。正是完美世界的想法驅使我們接近它，我們在科學和藝術中尋求理解，為追求社會公正發動變革。倘若我們達到了無條件的絕對者，那就再也沒有甚麼可追求的東西了。我們就會被推回到類似於嬰兒早期的狀態。

康德設喻安撫我們。無條件的絕對者不是一個物件，而是一個想法。康德把它比作地平線，你可以不斷地朝着地平線前進，但只有孩子才會認為那是一個實實在在可以抵達的地方。如果把無條件的絕對者坐實了，也就是說，把它當作一個代表絕對真理的物件，獨斷論和麻煩就出現了。只有一種合理的世界觀，即一切事物融洽相處，完美合理，這樣的看法帶有基礎主義（fundamentalism）的印記，無論是宗教基礎還是其他各種基礎主義。在一個孩子身上，這樣的時刻是引人注意的，而且是必要的，往往也是無害的。

## 別再被愚弄了

但是你和世界的合拍只能到此為止。年幼的孩子創造出想像中的玩伴和世界，大人們鼓勵他們這樣做，讓小孩子讀很多會講話的豬或雞的故事，讓大一點的孩子去讀魔法書。再小的孩子也能區別故事和現實，但他們可能希望自己房間裏衣櫃的門可通往另一個世界。這種自我與世界的錯置是良性的，如果帶點創造性，那就更好了。其根源是我們很早就意識到很多事物除現實的樣子以外還有很多可能性，這是科學與藝術的開始。經驗告訴我們，有些孩子想像中的玩伴栩栩如生，所以甚至堅持要讓別人給玩伴洗澡或餵食，但即使這樣，這些孩子也很清楚他們是在玩，而且饒有興趣地玩着。

然而，總會有某個時刻，你不得不承認有一道鴻溝，不僅是現實世界與你孩子氣的願望（有時光旅行嗎？有獨角獸嗎？）之間的鴻溝，而且是實然世界和應然世界之間的鴻溝。不管你是否擁有特權，你都碰到過不公正的事。它可以小到玩耍時被人欺負，大至佛陀的父王都無法隱藏的人生之苦。顯然，某些動物也能感覺到這一點。靈長類動物學家弗蘭斯・德・瓦爾（Frans de Waal）和薩拉・布羅斯南（Sarah Brosnan）拿一對僧帽猴做了一系列實驗。實驗者給猴子指派一些小任務，完成得好就給牠們喜歡吃的黃瓜。兩隻猴子都非常樂意執行任務，比如，把一塊石頭搬給實驗者。後來，實驗者獎給其中一隻猴子牠們更愛吃的葡萄。這時，得到黃瓜的猴子不幹了，牠把黃瓜扔回給實驗者，再也不想搬石頭。有意思的是，猴子把怒氣撒在引發不公的實驗者身上，而不是另外一隻受益的猴子身上。這個實驗也在不同種類的猴子和其他動物身上展開過。結果表明，人之外的其他很多動物具有粗略的公平意識。（這個實驗讀着就已經覺得有趣，要是親眼看到的話該有多麼令人吃驚啊！如果在谷歌上搜索"猴子—黃瓜—葡萄"，就會看到猴子令人難忘的、我們也許只能稱之為"道德憤怒"的表現。）家裏有幾個孩子的父母對此不會陌生。

不管這是對同樣行為的不公平待遇，還是純粹的暴力，我們已經看到了實然與應然之間的鴻溝。最正常的反應是憤怒，實驗中的那隻猴子就是如此。你發怒的方式可能不對，但你的憤怒本身是完全正當的。在這裏，我們看到了尼采所講的宇宙之心的形而上學創傷。事物不是本來應該有的樣子，你也得不到"應該有的樣子"，也不能得到符合心意的事物。哲學史上最愚蠢的看法之一，就是認為心靈和頭腦必須分開，而且其中一個必須勝過另一個。休謨認為，理性是"無力"的，只是"情感的奴隸"。驅使我們的是理性還是情感？我們大多數人在大多數時候同時運用理性與情感，它們二者處於對話之中，而當我們看到不公的時候，情況便更是如此了。我們稍後再談休謨。先來談談柏拉圖的《理想國》，其中描述了一種很自然的憤怒，這種憤怒幾千年來單調規律地重複着。

我們對古希臘智者色拉敍馬霍斯（Thrasymachus）所知甚少。他的作品如今只剩零散的隻言片語。他的名字意為"勇猛的鬥士"，在柏拉圖的筆下，他像一隻隨時暴跳的野獸一樣走進房間。他作為第一部西方哲學著作中的反角而史上留名。蘇格拉底和朋友在晚餐前談論正義消磨時光，色拉敍馬霍斯闖入了對話。蘇格拉底用他一貫的論辯術，讓他的對手界定正義，然後逐一駁倒所有的定義。他們的初步思考既膚淺又老套，有必要予以批駁。正義是有話實說，有債照還？正義是幫助朋友，傷害敵人？蘇格拉底只需要一個反例就可以一一駁倒它們。

這時色拉敍馬霍斯進來了。他年紀輕輕、狂傲不羈，他對辯論的基本評價是：廢話。不是因為比他年長的人所下的定義，而是他們花時間談論正義和道德這件事本身激起了他的憤怒。他們怎麼可以如此天真地談論道德呢？難道他們不知道我們稱之為道德的東西只是當權者的發明，他們建立了一系列規則來愚弄我們，道德只是在幫助他們繼續愚弄我們？況且，這又有甚麼錯呢？所有的人都應該為自己的利益服務，與道德不符的往往與我們的利益相符。毫不奇怪，聚會上的人難以界定正義，正義是擁有強權的人捏造出來用來壓迫弱勢羣體的。任何把道德語言當回事的人都既愚蠢又幼稚。色拉敍馬霍斯犀利地諷刺蘇格拉底是否需要一個保姆。這是年輕人對長輩最大的羞辱了。因為只有需要保姆的嬰兒才分辨不出羊和牧羊人的區別，羊大概相信牧羊人照顧羊是為了羊好，直到去屠宰場的路上，羊還這麼想。

色拉敍馬霍斯確信自己發現了正義的真諦，正是基於此，他感到憤怒，他羞辱蘇格拉底。他不高興，或者只是不樂意看到長輩受欺騙。他的憤怒伴隨着失望。他們畢竟是長者，本應該比他懂得多。據説，色拉敍馬霍斯殘篇中最長的一段文字論説年輕人代替年長者的必要性：

> 我希望雅典人生活在遠古時代，那時年長的人妥善地管理着國家大事，年輕人樂於保持沉默，除非他們不得不説。但是，命運把我們推到了這樣一個時代，在這個時代我們必須服從他人的統治，但又必須由我們來承擔後果……既然如此，那就有必要站出來説話。[4]

字裏行間流露的遺憾顯得有些浮誇，但卻是真誠的。年輕時的發現讓他陷入矛盾。我們無從知曉色拉敍馬霍斯寫下

4　Kathleen Freeman, trans., *Ancilla to Pre-Socratic Philosophers: A Complete Translation of the Fragments in Diels*, Fragmente Der Vorsokratiker, Cambridge, Mass.: Harvard University Press, 1948, p.141.

這段話時，以及與蘇格拉底爭論時多大年紀，甚至也無從知道他與蘇格拉底的對話是否真有其事。然而，以一種與色拉敘馬霍斯的本意極不相同的方式，柏拉圖抓住了一個近乎永恆的真理，青年人的憤怒意味着，他意識到那些曾經生於斯長於斯的確鑿無疑的東西實際上漂浮無據，從而下定決心懷疑一切。康德在《純粹理性批判》中的一段論述彷彿就是在說色拉敘馬霍斯：

> 他所看到的乃是具有新奇的魅力的詭辯論證，和已經失去這種魅力的詭辯論證相對立的論證，而且後一種論證反會引起他的懷疑，因為原來實際上是利用了他的少年人的輕信，因而他就開始相信為了表示他已經長大到不需要兒童式的管教，最好的方法莫過於盡行丟棄這些好心好意的警告；而由於習慣了獨斷論，他就大口吞下以相反的獨斷論來毀滅他原有的原理的那種毒藥。[5]（A755/B783）

柏拉圖對話錄中的其他對話者只不過是蘇格拉底的陪襯。色拉敘馬霍斯與眾不同，他讓蘇格拉底感到害怕。這也在情理之中，色拉敘馬霍斯所批判的問題並非假問題。他把矛頭指向習俗權威所依賴的某種謊言。我們可能不會注意到

5　參見康德：《純粹理性批判》，韋卓民譯，華中師範大學出版社，1991 年，第634 頁。後文《純粹理性批判》引文翻譯均參照此譯本，不再另註。——譯註

色拉敍馬霍斯要講的意思，除非我們想到，政治家高唱自己並不奉行的道德原則，希望借此讓公眾保持沉默。色拉敍馬霍斯看穿不少這類事情之後，決定反對一切假道德原則而行的事情。大肆宣傳正義的政策到頭來不過是自我誇大，色拉敍馬霍斯由此認為，沒有人會正義地行事，他的動機只能是自我誇大。我們不妨把色拉敍馬霍斯稱作史上第一位後現代虛無主義者。他是第一個試圖論證以下命題的人，即道德的要求是那些追求權力的人造出來欺騙我們的，同時也帶着某種程度的自欺欺人。從馬基維利、霍布斯到福柯，思想家不斷提出類似的複雜程度不一的論證。這些思想家（以及你的鄰居和青少年）有一個共同點，那就是揭露真相的意識。這個意識不能簡單地看作是我們熟知的表達新見解的慾望的產物。讓色拉敍馬霍斯感到羞愧的是，自己以前願意相信可敬的獨斷論長者，於是他下定決心不再被愚弄。因為他相信，他已看透一切。只有成年人才明白，這並不意味着他已經看透一切。

　　如果說色拉敍馬霍斯是第一個有文獻記載的提出道德只是自私自利、具有欺騙性的修辭的思想家，那麼，柏拉圖就是第一個認為正確的反應應該是為道德提供基礎的思想家，但這是不可能的。休謨會優雅地指出你不能從實然推出應然。為了回應色拉敍馬霍斯，柏拉圖提出一種形而上學理論為道德實在奠基，結果產生了偉大的哲學——長達十卷的《理想國》。但是，即便柏拉圖的學生亞里士多德也不認為柏拉圖已經解決了問題。難怪每個時代都會出現許許多多色拉敍馬霍斯，紛紛挑戰性地揭露美德是強勢羣體的勝利，他們已經成功地騙取了弱勢羣體的信任。每一次揭露都顯得很艱難，但從根本上來看是真實的：你可能會被聽起來很高尚的言辭愚弄，但是我足夠勇敢誠實，能看穿言辭背後的操縱。

人們忘記了，這樣的討論可追溯至柏拉圖時代的人常常天真地想像，古代是一個天真的黃金（或者說是鍍金的）時代。他們相信，宗教曾經是道德的基石，人們將生活置於其上的真理是安全而毋庸置疑的。只是到了現在，我們才會透過宗教和道德表面的確定性看到它們真實的操縱性基礎。只要有一點點歷史知識，或者稍微看一下當代遜尼派和什葉派穆斯林之間的血腥鬥爭，就可以看穿宗教主導的社會比我們現在的社會更安全的謊言。也許上帝在天堂統治着萬物（儘管無神論者早已懷疑祂的存在），但是有關其性質的爭論比我們現在的任何爭論都要複雜激烈。人們不斷地互相廝殺，為了證明這個或那個概念，而蘇格拉底因為觸犯了西方思想發源地的宗教而被判死刑。個別人可能會感到奇怪，質疑一切現成的教條並提出了挑戰，這幾乎和那些教條本身一樣由來已久。這一類揭露如果見得多了，或許你就會贊同英國哲學家伯納德・威廉斯的說法：它很快就變得非常無聊，沒有任何解釋力，把知識化約為權力的主張甚至不能"解釋聽從某人和被某人毆打之間的差別"。[6]

然而在康德看來,從獨斷論的確定性到徹底的懷疑論的轉向,在成長過程中起着關鍵作用:

> 在純粹理性問題上標誌着其幼稚時期的第一步,就是獨斷的。其第二步是懷疑的;而這一步,是表示經驗已經使我們的判斷力變得更聰明而更慎重了。……所以,懷疑主義乃是人類理性的休息所,在那裏理性可以反思它的種種獨斷性的流浪經歷,而檢查一下它所在的地區,使得它將來可以更正確地選擇它的途徑。(A761/B789)

毫不奇怪,康德認為儘管懷疑論是必要的休息地,但它不是永久安居的處所。他仍然堅決反對各種試圖審查懷疑論立場的做法,因為"懷疑論者是一個監工,他迫使獨斷論的推理者對於知性與理性發展出一種健康的批判"。(A769/B797)

康德的論述顯然帶有自傳色彩。他寫道,是盧梭改變了他的人生,為他指明了方向,而讓他從獨斷論的迷夢中覺醒

---

6　Bernard Williams, *Truth and Truthfulness*, Princeton, NJ: Princeton University Press, 2002.

過來的則是休謨。盧梭和休謨都對根深蒂固的觀點持懷疑和反對態度。上文我們已經看到，盧梭對既定秩序的憤怒不僅引發了比色拉敘馬霍斯更具體更深刻的批判，同時還給行動留下了空間，這比色拉敘馬霍斯對任何統治權力犬儒式的默許要好得多。這樣的懷疑論是無害的，因為它揭露真相的潛力是無限的。如果每一個道德要求都是權力的面具，為甚麼不來點威士忌、煙草或別的麻醉劑，從而遊走於權力之間？去神秘化的衝動必須先行於改變的意願，但改變僅有此是不夠的。盧梭對意識形態掩蓋下的權力關係的批判無疑與色拉敘馬霍斯一樣犀利，但色拉敘馬霍斯的修辭技藝還不足以創造出像藝術家和知識分子編織花環，掩飾捆綁我們的枷鎖之類的畫面。然而，他們都對現實世界和他們從某些事物中領會的世界應該有的樣子之間的不一致感到憤怒，這種感受在青春期極其自然，這是他們思想的起點。

這樣的憤怒可能指向出生本身所帶來的虛假希望。每一個新生命的誕生都隱含着全新開始的熱望，但經驗很快就告訴我們，我們出生在關係網絡之中，這張網在支撐我們的同時束縛着我們。只要我們稍微長大一點有了一定的經驗，就會明白我們來到的這個世界是既定的，很少順遂我們的意志。很多時候我們甚至難以融入這個世界。為了從根本上重組這個既定的世界，盧梭選擇了很多青少年都會選擇的路徑。青少年發現世界不是它本來應該有的樣子，因此感到憤怒，進而秉持一種理想主義。年輕人都知道這種理想主義，但到後來往往放棄了它。("一個人在二十歲以前不是社會主義者，他是沒有心靈的；一個人在四十歲以後仍然是社會主義者，那他就是沒有頭腦的。"這句話包含很多錯誤的概念，它誤解了心靈與頭腦之間的關係，而且還帶着輕薄口吻。)可以肯定的是，青春期對於實然與應然之間差距的憤怒令人疲憊沮喪。這種懷疑總是源源不斷地提出我們無法回答的問題，也很少有人有耐心聽一聽我們試圖給出的回答。生命真的長到足以一次又一次地屈從這樣的事嗎？"我再也不想見到那個人"，盧梭先前的好友狄德羅說，"他使我相信魔鬼和地獄。"不難理解，不斷反抗現實的畢生戰鬥會讓他發瘋，也會讓他身邊的大多數人發瘋。我們已經看到，盧梭極力主張創造一個合理的世界，這最終使得他不可能為一個不合理的世界教育孩子。儘管如此，比起色拉敍馬霍斯滔滔不絕的抨擊，盧梭這已是憤怒所能帶來的更有成效的結果。盧梭沒有停留在僅僅批判實然與應然之間的差距，他往前邁了一步。能走多遠，就要看我們自己了。

無論是盧梭表現出來的理想主義，還是我們在色拉敍馬霍斯那裏看到的蔑視都伴隨着憤怒。不過，實然與應然之間的差距還可能引發憤怒之外的反應。在我們這個時代，更普遍的反應是那種我們在休謨的著作中可以看到的文雅的認知。休謨 1711 年出生在蘇格蘭，家境優渥，後來成為英語世界最重要的哲學家，但他從未得到過他夢寐以求的大學教職，也沒有得到過像牛頓那樣的榮譽。他做過布里斯托糖商的伙計，他把這段經歷稱作在生意上的"淺嘗輒止的嘗試"。之後他主要擔任過一系列的外交職位，趁職務之便去了維也納、都靈，更重要的是巴黎，在那裏結識了啟蒙運動沙龍裏的主要人物。其中之一便是盧梭，當時盧梭正因《愛彌兒》攻擊宗教身處被捕的危險。出於對盧梭的同情（他想知道盧梭的書接下來會寫些甚麼），休謨在英格蘭為這個瑞士逃亡者安排了避難所。但是，除了對傳統宗教的厭惡外，他們就沒有別的共同點了，兩人的關係很快就惡化。關於他們關係惡化的傳言大都説錯在盧梭，他指責休謨煽動針對他的陰謀。但不管他們爭吵的直接原因是甚麼，很難想像這樣兩個截然不同的靈魂如何相處。盧梭懷疑諷刺，休謨懷疑的是真摯；盧梭因為實然與應然之間的差距提出重塑世界的要求，休謨傾向於放棄應然。休謨寫道，如果一本書既無關乎數學推理，又無關乎實在事實，那我們就可以把它投在烈火中，"因為它所包含的沒有別的，只有詭辯和幻想"。[7] 數學與實在事實，很明顯，應然兩者都不是。休謨的《人性論》（1739年）中一段很有名的文字把這個問題闡述得比任何一位前人都要清楚：

---

7　David Hume, *An Enquiry concerning Human Understanding, and Other Writings*, ed.Stephen Buckle, Cambridge: Cambridge University Press, 2007, Book 12, Part I, Section 34, p.144.（譯文參照休謨：《人類理解研究》，關文運譯，商務印書館，1957 年，第 145 頁。後文《人類理解研究》引文翻譯均參照此譯本，不再另註——譯註）

在我所遇到的每一個道德學體系中，我一向注意到，作者在一個時期中是照平常的推理方式進行的……可是突然之間，我卻大吃一驚地發現，我所遇到的不再是命題中通常的"是"與"不是"等連係詞，而是沒有一個命題不是由一個"應該"或一個"不應該"聯繫起來的。這個變化雖是不知不覺的，卻是有極其重大的關係的。因為……這個應該或不應該表示一種新的關係或肯定。[8]

　　應然不是世界的一部分，也不能從世界所包含的事物中推導出來。據現在最準確的估計，世界上有八百萬兒童像奴隸一樣地工作，但這一事實本身不能告訴你事情不應該是這樣的。事實描述世界是甚麼樣子，要得出世界應該是另一番情形，這需要思維上的跳躍。休謨認為，這一跳躍無法由理性完成，因為理性是無力的。在他看來，每一個這樣的判斷都與情感有關。如果想到童工讓你覺得很糟糕，你就會譴責這樣的現象；如果並不讓你覺得糟糕，你只會打哈欠。在任何情況下，理性都不會對事實表態。

　　雖然我不得不承認休謨的成就，但他在探究我們與世界之間的裂縫時，所表現的冷靜讓我不寒而慄。他的語調聽起

---

8　David Hume, *A Treatise of Human Nature*, ed.David Fate Norton and Mary J.Norton, Oxford: Oxford University Press, 2000, Book 3, Part I, Section I, p.302.

來似乎只是指出前人忽略的一個邏輯上的小問題，但他的論述直接觸及有史以來與人的境況有關的大部分問題的核心。我們不能從世界的事實中推論出我們應該在世上做些甚麼。因此，為甚麼不把這個問題留給人類，讓我們隨着歷史進程彌補它？彌補不是任意的；休謨認為一般的心理機制解釋了為甚麼一些風俗習慣保存下來了而另外一些卻沒有。但是，不管多麼普遍的機制都不能成為理由，甚至也不能成為休謨所闡明的原因。它們就是事物所是的方式。

雖然用語極為平靜，但休謨的批判的震撼力遠遠超過色拉敍馬霍斯。色拉敍馬霍斯認為，道德實際上全都是用來掩飾現有的權力關係的。他大聲譴責說，這就是世界運轉的方式，但他並沒有說出相應的理由。休謨要深刻得多，他打算挖空我們立足其上的概念基礎。這裏有一個邏輯結構：實然只是實然，對於應然的斷言都是與我們自己的願望和慾望有關的斷言。我們為甚麼要想像這兩者是有關聯的呢？他很少在書中提到孩子，甚至很少拿孩子作比喻。當然，休謨從不認為想要把實然與應然銜接的慾望是孩子氣的。但是，他那平淡卻尖刻的筆調暗示着，在他的理論面前停滯不前的人都是天真得不可救藥。

休謨的意圖並無革命性，他的懷疑主義反思幾乎不造成甚麼後果，他也沒有足夠認真地對待這些反思，讓它們干擾到自己的生活。根據他的研究，關於那些我們的生活建基其上的命題，如太陽第二天早上會升起來，弒父罪大惡極，甚至包括一事引發另一事的因果關係等，我們對其並沒有真正的知識。

> 我在甚麼地方？我是甚麼樣的人？我由哪些原因獲得我的存在，我將會返回到甚麼狀態？……我被所有這類問題迷惑了，開始想像自己處在最可憐的情況中，四圍漆黑一團，我完全被剝奪了每一個肢體和每一種官能的運用能力。（《人性論》卷一）

他接着說，幸運的是，只要一頓美餐、一局雙陸棋和一兩位開心談笑的朋友就可以驅散"這種哲學的憂鬱和昏迷"，幾杯雪利酒下肚它們就顯得荒唐了。看起來這一切都散發着英式俱樂部的平靜氣息，但別忘了，有一個論題，休謨對它的疑惑的確影響了他的個人生活。他是無神論主義者的傳言妨礙他謀得大學教職，他最精彩的書《自然宗教對話錄》（*Dialogues Concerning Natural Religion*，1779 年）只能死後出版。不過在其他任何事情上，休謨不僅服從風俗習慣，而且把風俗習慣作為我們生活的基礎。正是習慣讓我們相信太陽明天早晨會升起，也讓我們打桌球的時候相信如果打準紅色球就能使其他球滾到我們想要的地方。習慣和習俗，不需要太多反思，一直是我們行動的基礎，因為觀察能告訴我們的東西太少了，而理性又弱得不足以指導我們。讓風俗和習慣引導我們是最好的選擇。

如果占星，甚至考察一般的道德問題，那麼依據習慣和習俗，有其合理之處，但把休謨的觀點用到政治上就出問題了。兒童被迫在礦井、廚房或妓院工作，你可能會覺得這樣的事實令人震驚。但是，既然正義與事實或數學無關，你感到震驚這一事實僅僅是一個和你以及你的情感有關的事實（你碰巧憎恨或喜歡某些東西）。在休謨的時代，他所生活的城市裏有成千上萬的兒童靠勞動過活，日子比奴隸好不了多少，而這樣的事碰巧是風俗習慣。幾乎沒有一個知識分子認為，這樣的習俗習慣值得置喙。休謨肯定不會認為有甚麼好說的。要等到一個多世紀之後，由於一場由並非源自經驗的正義思想（經驗不包含正義思想）所推動的聲勢浩大的勞工運動，英國的童工問題才得以解決。同時，休謨"在文學界揚名立萬"的根本激情最終隨着六卷本《英國史》(*History of England*) 的暢銷而得到了滿足。在他有生之年，他的哲學論文都沒有受到過太多關注，大英圖書館的圖書目錄仍然把他列為"大衛·休謨，歷史學家"。

《英國史》在新大陸並不是那麼受歡迎。托馬斯·傑佛遜把這本書列為弗吉尼亞大學的禁書，因為擔心它會"在美國傳播保守主義"。薩繆爾·約翰遜的看法恰恰相反，他說休謨不是真正的托利黨人，因為他"沒有原則，如果他有，那他也是個霍布斯主義者"。我們暫不考慮保守黨與霍布斯之間的關係，但休謨確實被稱為英國現代保守主義之父，而且埃德蒙·伯克對法國大革命的抨擊援引了很多休謨的思想。可以肯定的是，休謨的形而上學沒有對現成的秩序提出多少反思性挑戰。實然與應然之間的距離就是產生問題的地方。如果你把應然當作沒有根據的東西拋棄掉了，你又從何處着手提出問題呢？

休謨的語氣聽起來像是個成年人，與《彼得・潘》中的人物達靈先生極其相似。英國哲學家以賽亞・伯林稱讚《英國史》"平靜、合理、舒緩、溫和、條理清晰、散文意味濃，具有諷刺意味和強烈的現實意識"。[9] 伯林稱讚休謨與反理性主義者不同，認為除去情感足以使事物合理。休謨的筆調既舒緩又平靜，禮貌得令人舒適。**再來一杯雪利酒吧，你的疑慮就會消散**。法國人稱他為"好大衛"（Le Bon David）也非不無道理。不管你有沒有因果、正義或法律觀念，日出與日落總是周而復始。這是一種安慰人的溫順口吻，而且很多讀者得到了安慰。如果觀念和理想都是不真實的，哀歎應然與實然之間的差距有甚麼用，更不必説費神縮小這一差距了。你希望找到一個支點，可以讓你對奴隸勞動的譴責超過你對鱈魚的厭惡。這是殘存的孩子氣的願望，你想成為美好世界的一分子，是你殘存的打開一道門通向神奇大陸納尼亞的童年幻想。

---

9    Isaiah Berlin, "Hume and German Anti-Rationalism", in *Against the Current*,
     ed.Henry Hardy, 2nd edition, Princeton, NJ: Princeton University Press, 2013,
     p.235.

如果這樣的觀點聽起來像成年人，那是因為我們已經被一種錯誤的成熟觀愚弄了。盧梭和休謨代表了面對實然與應然之間的不一致所作出的兩種不同反應。說盧梭輕視實然而休謨輕視應然，這太簡單了，也很難對他們倆作出公允的評價。康德會為我們認真對待這兩個人感到欣慰。如果我們想要成為成年人，我們不僅要在內心默認，還要能夠積極地宣示我們是。

## 不滿足的心靈

待你長大到有足夠能力拿起像這本書的書時，你就已經知道了，世界不是你的世界，而你別無選擇。在很小的時候感受到的新奇可能還會在某些時刻再度出現，美妙的樂曲、迷人的風景、新的愛情故事，自己生孩子，這些事情都會再次激發新奇之感。（如果是後者，你就不得不提醒你自己，嬰兒和世界打交道並非總是帶來好奇，還有很多讓人感到害怕失望的事情。好奇是一種安慰。）但這樣的時刻只是一種迴響，而且很少出現。這樣的時刻讓我們心懷感激，同時又滿心惆悵，因為不管多微弱，它們讓你想起，在過去某一個階段這樣的時刻多得不得了，像是充滿了整個世界。曾經使你驚歎不已的只是一串鑰匙，現在你得去優勝美地（Yosemite）或者愛爾蘭西海岸才能有那樣的驚歎。有人說，正確的注意力訓練會使你在一片樹葉上或一杯咖啡裏找到驚奇。我從未找到其中訣竅，雖然這可能是我個人的失敗，但即使是聲稱可以在一般事物中獲得奇妙感覺的人也承認這需要費很大的工夫。

耀眼的世界逐漸暗淡，你已經接受了這一點（發出乳白色光芒的東西只不過是草上的露珠）。你曾經震驚地發現，世界不僅不再耀眼，而且在很多方面可怕得厲害，但這樣的震驚也已經開始逐漸消退。一些不公正的事仍然使你感到短暫的震驚，例如，一個倒霉的告密者被長期關押，下令折磨他的人大致上是不公正的，但我們仍然需要這樣的人。也許就像辦公室裏的某個只知花言巧語的同事升了職，而你默默無聞的努力並沒有得到認可。不管這樣的經歷如何令人痛苦，它都不再使你感到像是站在深淵的邊緣，看着實然與應然之間的裂縫在你面前張開。你以前見過這樣的裂縫，這意味着你已經開始習慣它。有些人得到了黃瓜，而另外一些人卻得到了葡萄，在很多時候，你很難再有那樣的憤怒，就像很難再有更早以前經歷的好奇一樣。

這聽起來很成熟，但也是為甚麼很多人害怕成年的原因之一。隨着時間的推移和經驗的積累，很多事情在重複，重複得愈多，驚奇的事物就愈少。驚奇褪去後，熱情也會消退。事實是同樣的，但你的感覺不再靈敏強烈。這不是恩惠嗎？生活固然變得昏暗不明，但也變得不那麼令人感傷。有些人曾經癡迷於跳舞，一直跳到天亮，現在滿足於早點爬上舒適的牀，枕上舒適的枕頭。銳氣消失了，但宿醉也不再有了。你學會了不要太依賴身外的事物，朋友和運氣都可以失去，你看過洪水、饑荒或戰爭奪走生命。你得出這樣的結論：解決辦法只能從內心尋找。你不能控制的事情很多，但是通過決心和實踐可以學會如何控制自己的情緒，至少可以確保外界發生的事情對你的影響小一點。你已經在原則上接受了你和世界之間的間距。世界是不穩定的，有時候是不可信的，而且廣闊無垠。相反，你的靈魂非常有限，但可以塑造成你想要的樣子。如果你把目光轉向內部，你會睡得更香，受到的傷害更小，因為好的靈魂是在甚麼都沒有的情況下造就的。

某位大腹便便的大叔要是提出上述建議，那他可能正在讀斯多葛哲學，或者在很多現代自助手冊上可以看到它們的劣等變體，但他肯定沒有鑽研過康德。説句公道話，康德的世界觀很容易和斯多葛學派的世界觀混淆起來。和那個時代所有受過教育的人一樣，康德是在閱讀羅馬哲學家的著作中長大的，而在他的著作中也可以找到一些羅馬哲學家的修辭。從《道德形而上學的奠基》(*Foundation of the Metaphysics of Morals*，1785 年)的開篇來看，康德可以説是西塞羅或奧里略專家，想來受過他們的影響。康德最著名的倫理著作一開篇就提醒我們，如果缺乏美德，命運的饋贈無論是權力與財富，還是健康與幸福都將一文不值。因此，唯一的善，其本身就是善的善，乃是善良意志。

如果由於生不逢時，或者由於無情自然的苛待，這樣的意志完全喪失了實現其意圖的能力。如果他竭盡自己最大的力量，仍然還是一無所得，所剩下的只是善良意志（當然不是個單純的願望，而是用盡了竭力所能及的辦法），它仍然如一顆寶石一樣，自身就發射着耀目的光芒，自身之內就具有價值。[10]（《道德形而上學原理》，第 1 頁）

這聽起來有點像波愛修斯（Boethius）的觀點，他的《哲學的慰藉》（*Consolation of Philosophy*）是整個現代初期流傳最廣的歐洲世俗文獻。阿爾弗雷德大帝、伊麗莎白一世和喬叟都翻譯過這本書。該書寫於公元 524 年，當時作者在監獄裏等待非常可怕的處決。全書採用了波愛修斯和智慧的"哲學女神"對話的形式。可憐的波愛修斯哀歎道，他僅僅是遵循了柏拉圖的教導：國家由哲學家來統治會更好一些。現在他從私人研究轉向公共生活，得到的回報卻是謀反的指控。那麼，哲學能提供甚麼樣的安慰呢？作為回應，"哲學女神"專門探討了寶石般的美德。美德比起命運的任何饋贈都更加絢麗奪目。但她又往前邁了一大步：她說，她更偏愛壞運氣。

---

10 譯文參照康德：《道德形而上學原理》，苗力田譯，上海：上海人民出版社，1986 年，第 43 頁。——譯註

好運來巴結我們的時候，總是用幸福的假象來蒙蔽我們。厄運總是真實的，而且表現出其變化無常的特點。前者欺騙我們，後者指引我們。前者表現出虛假的祝福，束縛着人的心靈，而後者讓人們意識到幸福的脆弱，從而使人們的心靈更加自由。[11]

"哲學女神"沒有迴避特例。她說，在她的幫助下"蘇格拉底戰勝了不公正的死亡"。

如果面臨處決，任何形式的壞信念，只要能安慰你都是可以諒解的。在只有一半的孩子能活到成年的時代，人們很容易接受常被提及的斯多葛學派的看法：每次親吻孩子的時候都要提醒自己，孩子很可能明天就夭折了。將蘇格拉底之死看作命中注定，想到自己孩子很可能會夭折，是為了武裝自己，減少這樣的事情帶來的痛苦和憤怒。如果你適當地訓練自己的情感，這些事情本身會傷害到你嗎？因為"外部事物無法觸動靈魂，哪怕一絲一毫……擺脫判斷，擺脫'我受傷了'，你就能擺脫傷害本身。"（奧里略《沉思錄》〔Meditations〕，v.19; viii, 40）

有時候不妨試一試。但即便是像腳踝扭傷這樣的小傷也

11 Boethius, *Consolation of Philosophy*, trans.P.G.Walsh, London: Oxford University Press, 1999, pp.37-8.

讓人難以擺脫。最近有一次，我倒在柏林的人行道上，口中不停地對自己說：「只是有點疼，會過去的。」當然，我這樣做不是像奧里略所說的那樣，試圖去否認傷痛，而只是提醒我自己痛苦是有限度的。對於真正的痛 —— 失去愛或生命的痛，這樣的禱文是無效的。在康德看來，斯多葛的建議是針對神而不是針對人的，雖然神沒有這樣的建議也會過得很好吧。斯多葛學派認為，我們可以通過處理我們內心的不滿來修復我們對世界的不滿。削弱我們的情感，直到世界上沒有任何事物可以觸動我們的情緒，這樣我們就能獲得獨立和滿足。在斯多葛學派看來，意識到自身的美德並在其中得到滿足的心靈既是最高的善，也是唯一真實的善，因為沒有東西可以摧毀它。

與傳言相反，康德並沒有反對情感。他明確否定了情感是罪惡之源的說法，而且堅信我們應該努力培養正確的情感。和所有稍微有點常識的人一樣，康德知道人們愈是做着應該做的事情的時候愈是感到快樂，也就愈有可能去做這些事情。和所有啟蒙運動的優秀導師一樣，康德的教導不是虛假廣告，比如向人們承諾做該做的事情自然就會快樂。康德之前的哲學家手腕靈巧、愛耍花招，用各種折中辦法把幸福和美德等同起來。伊壁鳩魯主義者堅信幸福就是美德，順從你（覺醒之後）的自利之心，由此而來的好處甚過傷害。如果這個觀點在康德看來是自私而懶惰的，那麼聽起來更高貴的斯多葛主義顯然是騙人的。你可以告訴自己，世間所有的美好都是過眼雲煙,而真正的幸福存在於美德之中,如果這樣能幫助你高昂着頭顱面對處決,人們沒有理由反對。即便如此,你還是否定了一個關於存在的基本真相,美德是一回事,幸福又是另一回事,儘管在很多情況下兩者重合,但它們從根本上來講是分離的,就像你和你的世界是分離的。接受這樣的真相需要坦誠,需要成熟。

尼采把斯多葛主義叫做奴性道德,是弱者給予弱者的安慰。這是對埃皮克提圖(Epictetus)的冷嘲熱諷,他正是出身奴隸階層。當然,雖然斯多葛學派的重要人物裏有像奧里略這樣的皇帝。奧里略看到命運變化無常,就把注意力集中在他認為我們能控制的事物上,即我們靈魂的內在。在康德看來,這意味着斯多葛學派犯下了不誠(bad faith)的雙重罪。康德自稱是先驗心理學家,但他依然是卓越的普通心理學家。康德清楚且深刻地意識到我們自欺欺人的傾向。我們永遠無法確定我們的靈魂裏面究竟有甚麼,雖然新近的學術研究如精神分析可以揭示自我欺騙的某些部分,但即便是佛洛伊德也不相信我們可以完全消除自我欺騙。如果我們足夠誠實,就知道我們有責任去發展良好的傾向、否決卑劣的傾向。不僅是對他人,首先最重要的是對自己。我們可能會努力去過一種高貴得體的生活,但我們絕不會知道我們能否過上,而且,我們對自己的德性愈是確定,擁有那樣的生活的可能性就愈小。因此,斯多葛學派通過控制自己的靈魂來達到控制某些東西的嘗試注定要失敗,而且有可能導致裝模作樣或自以為是。

雙重不誠，聲稱只要有美德就可以通向幸福，這是狐狸的酸葡萄的動人翻版。如果他已經有能力獲得幸福，那麼他就會嘗到葡萄的甜味。人們對幸福的渴望不是沒有價值的，同時它也不會輕易冷卻或消散。康德觀點的核心可以在《道德形而上學》的開篇找到，看起來似乎與斯多葛學派的觀點並無二致。善良意志像寶石般閃耀，這沒有問題，但它也是配享幸福的必備條件。康德通過"配享幸福"這個概念引入了理性概念。如果你為了配享幸福而生活過（只要你能說，自己已經盡了最大努力），但卻一直不能得到幸福，那麼，你的理性而不是情感會起而反抗。

是理性讓你相信世界應該是合理的。但事實並非如此，這是孩子、萊布尼茲、黑格爾和其他獨斷論思想家犯的錯誤。理性是康德所謂的規範性原則（regulative principles）的源頭。規範性原則不是要告訴我們世界是甚麼樣的，而是要引導我們在世界上行動的方向。理性迫使你追問為甚麼事物是這個樣子，從而引導你追尋世界的合理性。對於理論理性，這樣的追尋成就了科學；對於實踐理性，其結果則是一個更加公正的世界。在一個世界裏，如果配享幸福的人卻極易遭受痛苦和壓迫，那它就是一個有問題的世界，理性對此難以容忍。再往前一步試想一下：兒童應該受到虐待，虐童的人應該獲得好運和名聲。薩德侯爵就曾這樣斷言。不過，他本人的違禁行為從未到過其小說人物那樣的地步，人們懷疑上述斷言其實並非真話。我們當然知道在我們所處的世界，正義的人往往遭受痛苦，而惡人常常飛黃騰達。但是，要認為世事本應如此，這就超出了我們的理解範圍，讓人暈頭轉向。

但你可能會說："等一等。休謨不是告訴過我們，應然不像實然，它無法在經驗中找到嗎？"

他的確這樣說過。這也是康德從獨斷論迷夢中驚醒的原因之一。康德把他的整個形而上學稱之為哲學上的哥白尼式轉向，它得益於休謨懷疑論的激發，後者促使他繪製經驗要素的地圖。"著名的休謨就是人類理性的地理學家之一，這種地理學家以為把所有人類問題擺在人類理性地平線之外便充分地處理了這些問題 —— 而這是休謨所不能確定的地平線。"（《純粹理性批判》A760/B788）康德自己的地理學賦予這一地平線以另外的意義：理性所有的努力都指向它，但永遠達不到它，就像任何地平線一樣。一個在沙漠裏旅行或是在茫茫大海上航行的人，看着地平線要走一段極其漫長的路。類似地，理性不可能成功地到達無條件的絕對者，但是理性聚焦於它可以獲得不斷前進的動力。不過，理性必須首先檢討自身的能力，這正是《純粹理性批判》的任務之所在。

我們無法在這本小書裏充分討論這一點。就我們當前的目的而言，只能滿足於指出《純粹理性批判》證明了休謨對經驗的理解過於簡樸，不足以概括人類經驗。懷疑論不是甚麼新鮮事。康德認為，理性的成熟過程中自然要經歷懷疑論。至少從古希臘智者開始，人們就已經指出理性的弱點和愚弄人之處。休謨的懷疑論之所以比古希臘智者更有力量，不僅是因為文辭優美，更重要的是因為建立在牛頓物理學理論之上，這一理論模式為理智成就設置了新的標準。不同於之前出現的任何模式，牛頓似乎展示了一種絕對確定的知識模式。自那以後，科學及其他所有學科都要有可靠的數據。年輕的休謨認為，那些不包含數學公式或對經驗直接觀察的東西必須付之一炬，因為它們只包含幻想。這樣的東西不僅包括獨斷論的形而上學，而且還包括我們的生活建基其上的大部分假設。

康德論證說，休謨對經驗的理解太狹隘了，所以根本解釋不了經驗。如果我們的心靈像休謨所說的那樣運轉，就不可能有牛頓科學以及那些簡單得多的理智活動。按照康德的理論，我們在世界所佔的位置比休謨所想的既更大又更小。我們不可能獲得無中介的經驗材料，相反，經驗材料總是經過範疇的加工與塑造，我們的心靈正是通過範疇來製作經驗。如果認為這是"成問題"的，那就相當於去幻想大概只有上帝才可能有的無中介的直接經驗。休謨說得對，我們不是像感知球和球杆的關係那樣感知原因，因為原因是我們加給世界的一個概念。康德的先驗演繹（Transcendental

Deduction）指出，因果性是我們擁有任何融貫經驗的必要條件。如果沒有因果性，沒有包括實在、統一在內的其他範疇，我們就不可能感知對象，更遑論對象之間的關係了。也許我們還是會經驗到一堆亂糟糟的感覺材料，但即便這一點我們也無法確知。

康德把我們的心靈劃分為不同的能力（faculties），大致相當於通常所説的功能（functions）。它們包括感性（sensibility）、知性（understanding）和理性（reason）。讓這些能力各行其道很重要。我們通過時空形式感知到感性所提供的材料，通過概念感知到知性所提供的對象。那麼，被康德稱為最高能力的理性有何作用？前面已經看到，是理性促使我們去追問為甚麼。正是通過感性和知性，我們體驗到如其所是的世界，即自然總體。借助無條件的絕對者這一概念（世界作為一個整體是合理的），理性後退了一步。

正是這後退的一步允許我們對經驗提出問題，作出判斷。和感性與知性提供的形式不同，理性不是經驗的必要部分。沒有理性，經驗也是可能的，只是非常勉強。很小的寶寶探索他們所面臨的世界並癡迷其中，這時他們可能還沒有理性概念。只要他們開始想像事情可能是另一番樣子，並且追問為甚麼不是，他們就是在運用理性。也就是這種理性可以使他們追問為甚麼蘋果會往下掉，為甚麼月亮與潮汐相聯繫，以及是否有解釋這些現象的普遍法則。如果沒有休謨看不上眼的理性能力，他所崇拜的牛頓很可能還困在果園裏呆望着蘋果樹。

康德對休謨的回答同時也是對斯多葛學派的回應。因為科學必不可少的理性同時也是道德律令的源頭。一個合理的世界（理性最重要的觀念），必須作為一個整體是合理的。無論是科學領域，還是社會正義領域，正是同樣的動力驅使我們想像事物在既定樣子之外的可能性。這種動力無關乎喜歡或厭惡，願望或激情，而是出自我們無法根除的理性的要求。在憤怒或順從的狀態下，理性可能被否定，但它不可能被徹底摧毀。在斯多葛學派看來，拒絕接受一個既定的世界，這是人的弱點，可以通過改變情感來治癒。在康德看來，這種拒絕恰恰是人的力量。康德之後有人認為，我們之所以無法接受現實，其根源在於一些幼稚的願望，在成長的過程中應該拋棄這些願望。在康德看來，這種拒絕源自理性批判的聲音，它正是人們需要聽到的聲音。

故此，哲學本身就是成長的關鍵。這點不足為奇，很多哲學家都有這樣的思想傾向，只是思考的方式各不相同。例如，黑格爾認為"哲學的目的是為了捍衛現實使其免受詆毀"（《世界史哲學講演錄導論》〔*Introduction to the Lectures on World History*〕，第 67 頁）。黑格爾為了讓我們感到滿足，告訴我們現實是合理的。海涅稱他為德國的潘格羅斯

（Pangloss）[12]，但事實上這位威名赫赫的教授承認他受益於萊布尼茨：

> 我們的研究可以看作是一種神正論，是對上帝的辯護（例如，萊布尼茨在他的形而上學中運用既抽象又含糊的範疇所作的辯護）。它應當有助於我們理解世間一切不幸，包括罪惡的存在，從而使得思索的靈魂能夠與存在的消極面向達成和解。（同上書，第 43 頁）

要論證現實是合理的，而不是像它看起來那樣不合理，這一直是一項令人生畏的任務，需要極其複雜的理智訓練才能勝任。萊布尼茨認為，只有上帝才有能力完成這樣的任務。相當多的跡象表明，黑格爾把自己等同於上帝，可能正是這一點誘使他試圖去證明萊布尼茨只給出斷言的東西。假如有人告訴你，黑格爾本人所講的歷史的屠宰場乃是那項旨在推動人類進步的必不可少且不可避免的計劃的一部分，那麼，你對屠殺的憤怒就會像孩子長牙時的疼痛那樣短暫。孩子要是知道長牙是長大成人過程中的一個環節，也許就會得到安撫。同樣的道理，你會打消疑慮，相信那些讓你感到憤慨的不公平現象對於歷史的計劃來説是絕對必要的。哲學就像搖籃曲？黑格爾和萊布尼茨一樣具有神奇的魔力，把我們

---

12 潘格羅斯，伏爾泰哲理小説《老實人》（*Candide*）中主人公坎迪德（Candide）的老師，認為現實世界是最美好的世界。——譯註

帶回到原位，接受既定的世界，不是因為我們追隨斯多葛學派把我們自己從既定世界中抽離出來，而是因為我們明白了既定世界本身的本質和必要性。

在康德看來，哲學在幫助我們成長方面所起的作用恰恰是相反的。它不會安慰你，也不會減輕你的疼痛，實際上它一定會使你的生活更加艱難。因為現實是不合理的，理性的任務是確保我們不會忘記這一點。通過獨斷論與懷疑論之間的辯證法，哲學引導我們尊重兩者都包含的好奇和憤怒。它要求我們認識到實然和應然之間的差異，同時卻不放棄兩者中的任何一個。黑格爾認為這個過程會導致不愉快的意識，而年輕的尼采認為康德哲學是悲劇哲學。黑格爾和尼采都不完全錯誤。一邊關注世界應該有的樣子，一邊觀察它現實的樣子，這需要永久的、同時又是極其脆弱的平衡。它要求我們直面永遠得不到想要的世界的事實，同時卻拒絕放棄心中想要的世界。

正是在這個意義上，康德說，成長最需要的是勇氣而不是知識。有時候，實然和應然之間的裂縫會變成深淵，特別是你愈來愈明白，它不是一個偶發事件，而是你今後經歷的大多數事情都會有的特徵。你身邊很多人都想否認這一點。今天，大多數人不是通過說服你世界是合理的來否認它（反例太多了，而且每天都在增加），而是通過否定應然的力量來否認它。在美國，人們常用"現實就是這樣的"（It is what it is）這個流行語加上一點斯多葛式的哀歎來評論那些看起來特別令人失望的事情。堅持主張事物應該是另一番樣子，往往讓你有一種謎樣的驕傲，就像一個被椅子絆了一跤的孩子會去踢那椅子一腳。

堅持認為一個可能殺死你、折磨你或把你投入牢獄的體制應該有所改變，這需要勇氣，而對於能夠這樣做的人我們會給予應有的尊重。這種勇氣從來不是容易的事，但它通常是直率的。人們往往更容易忍受各種各樣的嘲弄，很多民主社會借此打壓批判者。比起其他的不適感，我們往往更畏懼尷尬，這一事實本身就令我們尷尬，但事實就是事實。有多少次，你因為害怕被人指摘孩子氣而壓抑自己不去表達自己的希望和憤怒？弔詭的是，這種恐懼出現在青春期，青少年覺得比同齡人顯得幼稚簡直是糟糕透了。在這一點上，康德可以提供幫助，不是讓你得到安慰，而是使你確信，得不到各種斯多葛式觀點的安慰不是你的過錯。你生氣是有道理的。只有在一個行為得到合理回報的世界裏（如果通行的酬勞是葡萄，那麼就得給我葡萄而不是黃瓜），心靈才會滿足。如果行為和回報之間的平衡被打破，那就需要恢復平衡，不是通過改變你自己對恢復平衡的要求，而是通過改變這個世界。

如果幸福的權利不是毫無根據的主觀願望，而是理性的一個索求，那麼，由此引發的結果將是革命性的。正是在此意義上，德國哲學家班雅明（Walter Benjamin）認為康德之後的哲學努力，比如黑格爾試圖統一理性與自然、應然與實然，是"從誠實的康德二元論倒飛了十一個小時"。[13] 這樣的誠實需要勇氣，因為理性和自然不可能結合在一起，這絕不是一個我們想要知道的真相。

13 Walter Benjamin, "Dialog über die Religiosität der Gegenwart", in *Benjamin gesammelte Schriften* Vol.II, Frankfurt: Suhrkamp Verlag, 1977, p.32.

# 第三章　成年

## 教育

　　如果成年意味着保持實然與應然之間的平衡，那麼這個平衡點從來都不是穩定的，因為兩者都想搶佔上風。因此，成為一個成熟的人是一項永無止境的任務。本章討論成長過程中那些關鍵的經驗。大多數人的生活中一定有教育、旅行和工作的經歷，用某些方式來處理這三者有助於我們長大成熟，而另一些方式則不會。前一章的核心思想是，成長需要我們在力圖兼顧實然和應然的同時，承認二者之間的差距，意味着，沒有一種獲得教育、旅行和工作等經驗的方式是完全合乎應然的。焦急地為孩子尋找理想的幼稚園的父母，幾年後就會承認無論選擇甚麼樣的幼稚園都是種妥協。不是所有的妥協都是不好的。當然，你必須仔細考察各種情況之後才能決定何種妥協是可以接受的。

雖然"不"這個詞在孩子們剛會走路時候就學會了，但他們除了接受父母為他們所作的選擇之外別無選擇，青春期的孩子總是竭盡全力拒絕父母為他們所作的每一個選擇。成長是一個過濾父母為你所作的所有選擇的過程：你不得不聽音樂，因為它就在你夠不到的播放機裏播放着；你不得不信教，因為你被帶去聽佈道；你得坐在不是你開的車裏去度假；當父母因換工作而搬家時，你不得不適應新的環境；還有一系列的普遍價值，直到你長大後從家庭走向社會，遇到別的價值才意識到它們是一種價值。在過濾時，如果你運氣不錯，你可能會説：它就是我想要的，如果我有能力自己選擇，我也會選它的。你會用各種方式感謝父母，如果你的生活方式證明父母是對的。另一方面，如果父母作的選擇你一概接受就意味着你還不成熟。因為他們的選擇是那一時作出的，且並非他們所有的選擇都合宜於你目前所處的境況。

　　特別是早期教育，它是由別人決定的。漢娜・鄂蘭的《過去與未來之間》(*Between Past and Future*)對教育目標做了一番精彩的描述：

　　　　教育的要義在於，我們要決定我們對世界的愛是否足以讓我們為世界承擔責任，是否要讓它免於毀滅，因為若不是有新的、年輕的面孔不斷加入進來和重建它，它的毀滅就是不可避免的。教育同時也是要我們決定，我們對我們孩子的愛是否足以讓我們不把他們排斥在我們的世界之外，是否要讓他們自行作出決定，也就是說，不從他們手裏奪走他們推陳出新、開創我們從未預見過的事業的機會，並提前為他們重建一個共同世界的任務作準備。[1]（"教育的危機"，《過去與未來之間》，第 285 頁）

如果孩子碰到的老師中不止一位這樣看待教師的責任，那他是非常幸運的，即使只碰到一位這樣的老師也足以受益。對我們大多數人來說，學校往往是另一番情形，這樣的機構極大地破壞而不是激勵每個孩子眼中都會流露出探索世界的自然衝動。（如果康德說的是對的，世界作為一個整體是合理的這一觀念驅使我們追問"為甚麼"，那麼，孩子的眼睛映射着無條件的絕對者。）可以肯定的是，正規教育最糟糕的地方，例如，死記硬背和體罰，大都已被廢棄。我們充分吸收了盧梭的某些教育理念，以至於認不出是他的思想了。1992 年，蘇格蘭教育家約翰・達林（John Darling）寫道，以孩子為中心的教育理論史是盧梭的註腳。[2] 當然，並非每個人都贊同這一點，上文也已經指出，即便是《愛彌兒》也有值得商榷的地方。不過，我們還是要感謝《愛彌兒》的

---

1　譯文參照漢娜・鄂蘭：《過去與未來之間》，王寅麗、張立立譯，譯林出版社，2011 年，第 182 頁。後文《過去與未來之間》引文翻譯均參照此譯本，不再另註。
　　——譯註

2　J.Darling, *Child-Centred Education and its Critics*, London: Sage Publications, 1993, p.17.

作者，正是他告訴我們傳統教育在很多方面不僅有缺陷，而且適得其反，它扼殺了孩子原本應該保持的求知慾望。正如盧梭在 1763 年指出的，習慣了乖乖坐在那裏聽無聊的老師滔滔不絕講課的學童，成年後聽到政客說謊是不大可能站出來提出異議的。托馬斯‧傑佛遜認為，社會的主要政治功能是教育年輕人。他心中所想的大概是能培養出積極活躍、有見地的孩子的教育體系，但是，現在大多數學校帶來的是屈從、呆滯和憤懣。難怪很多孩子都覺得學校是監獄。

事實上，像馬拉拉‧優素福扎伊（Malala Yousafzai）這樣的孩子寧可冒着生命危險去上學，不僅僅是因為禁果總是最甜的。他們知道，即便是一點點教育也將幫助他們打開原本對他們關閉的世界的大門。馬拉拉非常令人欽佩，但她絕非唯一的特例。在一些國家，課本如同珍寶，孩子買不起鞋子或鉛筆。我們許多人的境況要幸運得多，這些事應該讓我們停下來想一想，而絕不應該讓我們沾沾自喜。傳統教育總比完全沒有教育要好，就像大米和豆子對一個飢腸轆轆的孩子來說彌足珍貴，但這兩樣東西無法帶來足夠的營養，使身心茁壯成長。

因此，毫不奇怪，教育改革已經成為啟蒙運動以來每次進步運動的核心目標。教育改革所關心的，不是提高效率或考試成績，而是如何改變現有的學校組織管理方式，從而不是削弱而是發展人的潛力。在康德關於教育的言論中最令人吃驚的是，上學最重要的作用就是使我們安靜地坐着。在他看來，這是天經地義的。

> 孩子們被送到學校，最初的目的不是讓他們在學校裏學到知識，而是為了讓他們習慣安靜地坐在那裏，嚴格遵守老師告訴他們的東西，這樣，將來他們不會一有甚麼想法就迫不及待地付諸實踐。（《論教育學》〔*Lectures on Pedagogy*〕，第 438 頁）

從最後一句話我們可以看得很清楚，康德並不贊同把實踐作為一種迫使孩子屈從的方法。在別處，他猛烈抨擊當時通行的看法，即教育就是要打破孩子的意志。相反，他覺得鼓勵孩子發展自律是很重要的訓練，否則他們就會像彼得‧潘一樣不可救藥地任由每一個突然閃現的念頭擺佈。我們的確需要告訴孩子，不是所有值得學習的事物都可以通過順從自然的傾向就能學到。例如，語言和音樂需要重複單調的練習，直到達到某個點，樂句不再磕磕碰碰，小提琴不再吱吱刺耳。這樣的練習不僅是單調的，而且是倒退的，將我們帶回到毫無成就感的幼兒期。即使喜愛彼得‧潘式幻想的成年人對於退回到牙牙學語的兒童期也會心生畏懼，這就是為甚麼語言和音樂愈早學習就愈好的原因之一。（第二個同樣重要的原因與神經生物學而不是心理學有關。經驗塑造我們的大腦，兒童期這種塑造作用最明顯。如果一個孩子在十歲之前學會了第二門語言，他的大腦就被塑造成更容易學會第三甚至第四門語言。）孩子們不知道學習將來會帶來成功和隨之而來的快樂，得有人經常告訴他們這一點。康德把紀律看成是獲得更大自由的途徑，他對教育的議論大都就此而發。

康德對德國教育家巴澤多（Johann Bernhard Basedow）的著作情有獨鍾。巴澤多於 1774 年在德紹（Dessau）創辦了歐洲第一所明確基於盧梭教育理念的學校，即泛愛學校（Philanthropinum），康德用他最抒情的文字寫道：

> 也許從來沒有人對人類提出過如此公正的要求，也從來沒有人這麼無私地奉獻過如此偉大、如此拓展自我的恩惠，現在巴澤多和他值得稱讚的助手已經莊嚴地獻身於改善人類福祉、促進人類進步的偉大事業。[3]

多虧了"這個犀利、激情洋溢、生氣勃勃而又孤獨精明的男人"，他繼續寫道，創造一個符合自然本性的教育機構成了現實，不再是一個模糊而又遙遠的夢。歐洲並不缺乏學校，但它們"從建校開始就變質了，因為學校裏的一切都是反自然的，人類遠沒有發展自然賦予人類稟賦的美好東西"。[4] 既然傳統的學校一開始就變了質，康德呼籲"激流般

---

3　Kant, 'Dessau 1776', *Königsberg Learned and Political Journal*, in Kant, *Anthropology, History, and Education*, eds.Zöller and Louden, p.100.

4　"To the Community", in ibid, p.102.

的革命而不是緩慢的改革＂，整個教育機構和教師本身都必須轉型。因此，他認為，沒有比創辦一所全新的學校更為要緊的了。

康德充滿溢美之詞的文字有一個目的。巴澤多的德紹學校不僅引起了他的敬意，而且還激起了他唯一一次為人所知的集資衝動。康德煽情的言辭是為了打動聽眾慷慨解囊：

我們……希望大家多出資，所有辦公室職員、教師、為人父母者——有益孩子成長的事情父母不可能無動於衷，甚至沒有孩子的人——你們從小接受過教育，所以會認識到有義務作出自己的貢獻，如果沒有為繁衍人類作出貢獻，那麼至少可以為人類的教育事業作點貢獻。德紹教育機構發行的月刊《教育論》(*Educational Treatises*) 訂閱費現在為 2 帝國塔勒 10 格羅申。[5] 但是，因為也許在年末需要額外的支出，比如紙張數量還不確定，所以最好是以訂閱費的形式捐贈 1 達克特 [6]（當然由每個人自行決定），以推進這項工作，多出來的部分會按個人要求足額退還。[7]

---

5　帝國塔勒（Reichstaler），格羅申（Groschen），舊時德國錢幣單位。—— 譯註
6　達克特（Ducat），曾在歐洲通用的錢幣。—— 譯註
7　"To the Community", p.104.

雖然那時候的集資活動看起來和現在很不一樣，但從《論教育學》可以看出康德對集資和控制之間的關係的理解和關注。他對巴澤多唯一的批判是這位校長依賴皇室支持。

　　　　經驗告訴我們王公們關心自身利益勝過關心世道
　　人心，這樣他們才會達到自己的目的。因而如果他們出
　　錢，整個方案的設計必定會落入他們手中。（《論教育
　　學》，第 443 頁）

　　康德總結道，私人集資是對教育改革的最好保障，因為"所有的文化從私人開始，然後向外延伸"。在集資的其他方面，康德時代也和我們現在不同。他無法想像現在大公司捐贈巨資給公共教育，以便把產品賣給幾乎被俘獲的聽眾。例如，在美國，八成的公立高中都和可口可樂或百事可樂公司簽了"專飲權"合約，要求學校購買一定數量的汽水以換取教育經費贊助，這些高額贊助是財務上捉襟見肘的校董事會無法籌集的。康德警告教育家，王公貴族可能會對依賴其資金的教育機構產生不良影響。他怎能想像到兩個世紀以後，私營企業施加了更微妙的控制。如果有哪一個國家重視教育不是因為要製造新的消費者，那麼其發展就應該得到關注。

　　巴澤多從來沒有籌到足夠的私人捐款，只能依靠皇家補助金，而泛愛學校在二十年後就關門了。巴澤多本人似乎更擅長構思教育理論而非管理學校，所以很早就離開了泛愛學

校。但是泛愛學校激勵了歐洲及北美很多類似的學校,並於二戰後在德紹重新開辦,持續到今天。你可以在 Facebook 上找到這所學校。和傳統學校比起來,先進的學校的辦學時間往往不會持續很長。最初的創辦者離開或者退休之後,一些理念往往會丟失。不過,不知疲倦、滿懷希望的教育者和父母會繼續創辦新的學校。他們大概受到了康德思想的鼓舞,好的教育一定是幾代人共同努力的結果,因為我們都是自己無法選擇教育的產物,並且每一代人必須努力讓下一代比自己走得更遠。不過這也沒有讓父母感到舒心,他們擔心是否把孩子交到了不能或不願意考慮孩子的興趣的人手裏,孩子們則更不舒心了,太多的課堂既壓抑又無聊,如此日復一日。有時間和資源的人可能會選擇在家裏教育孩子,但我們大多數人會選擇手頭可以把握的其他最佳方案。我們更願意把孩子送進一所能培養孩子自律的學校。它將遵循康德的三大原則:

1. 從幼兒期開始,允許孩子做任何事情(除了不能讓他們靠近可能傷害到他們的東西,例如抓起一把出鞘的刀)。

2. 必須讓孩子知道,只有讓他人也達到目的時,他自己才能達到目的。

3. 必須向孩子證明,給他施加約束力是為了讓他將來能運用自己的自由,教育他是為了讓他將來能夠自由,也就是說,不再依賴他人的照顧。(《論教育學》,

447-448 頁）

我們大概會贊成康德的看法：必須通過教育實驗才能在經驗中發現實施以上原則最妥當的方法，而且"因為實驗很重要，僅憑一代人是無法呈現完整的教育藍圖的"。

有時我們會看到一些進步的跡象。在很多地方，教學方法更加開放，教師也更能注意到孩子們不同的需求。我孩子用的課本比我以前用的好多了。我以前的課本講美國歷史時居然對美洲土著的種族滅絕一事隻字未提，也沒有告訴女孩們除了做媽媽以外還可以做很多事。但只有當這些跡象證明進步是可能的時候，它們才是有用的，因為只有這樣我們才會持續不斷地努力進步。更多的進步跡象絕對是必要的。大多數政治家對康德那樣的言論誇誇其談，所謂"好的教育正是世界上所有美好事物的源泉"。除了少數幾個國家如芬蘭這樣明顯的例外，教師的待遇依然太低，也沒有得到足夠的重視，學校依然處於窮困潦倒的狀態。贊成康德的思想或是記得自己的學生時代沉悶又充滿挫敗感的父母，會因為無法給孩子應有的教育而感到絕望。

他們盡可能選擇最好的學校，盡最大的努力積極改善他們能找到的學校（他們甚至創建學校，如果他們有足夠的雄心）。對於孩子所察覺到的他們為孩子選擇的正規教育中出問題的地方，他們會想辦法補救，以此努力庇護孩子。

然而，他們不得不正視：他們不是在撫養愛彌兒。不管他們是否會讀《愛彌兒》這本書，他們很可能在初為父母時被這樣的話吸引：**世上再也沒有比撫養一個自由且快樂的孩子更重要的事了**。但世上其他事情會闖進來。和愛彌兒的導師不同，父母的知識和權力都是有限的，有時候極其有限，撫養過孩子的人都知道這一點。用孩子出生時對孩子的期許來衡量，父母鮮有不失敗的。也許他們可以從英國心理分析師溫尼科特（D.W.Winnicott）的理論那裏找回勇氣，溫尼科特把注意力放在孩子身上，認為對於孩子來說，完美的父母也是不好的。如果孩子從未體驗過焦慮，他就不可能體驗到自己是一個可以在世界中活動的自律的存在者。相反：

> 一位好母親……一開始幾乎滿足孩子的一切需求。隨着時間的推移，她愈來愈少地去滿足孩子的需求，這個過程是循序漸進的，跟孩子逐步增強的面對母親未能滿足自己需求的能力相應。母親沒有滿足孩子的一切需求，這有助於孩子適應外部實在。[8]

溫尼科特認為，成長中的孩子要想估量和發展自己的能力，他們需要經歷父母的挫敗。這一觀點支持了我們看到的人們對《愛彌兒》的批評。如果孩子在導師（或者父母）創造

---

8　D.W.Winnicott, "Transitional objects and transitional phenomena", *The International Journal of Psychoanalysis* 34, 1953.

的世界裏只是經歷事物應該有的樣子，那他就無法適應現實的世界。我們大可追求另一個不同的目標，康德説，好的父母有責任讓孩子因為來到世上而感到高興。

對於很多孩子來説，接受正規教育就是經歷日益擴大的實然和應然之間的裂縫。是的，有長牙的疼痛，還有許多毫無道理的疼痛和挫敗感。但是，往往正是學校最先以制度化的形式展示了口説的理想和生活的經驗之間戲劇化的衝突。從前，猶太男孩三歲就被送到他們的兒童宗教學校（cheder），在那裏孩子們要從蜂蜜浸過的木板上學習希伯來字母表。在今天的德國，孩子們在上學的第一天會得到一個大大的圓錐形的紙筒，裏面裝滿了糖果。康德看到這樣的做法大概會臉色發白吧，他認為對應當自願完成的事給予額外獎勵總是不對的。對孩子們來説，他們可不是自願的，而且他們很快就會起疑心，比起他們在學校裏所學的並不是現實世界中的真理這一事實所導致的痛苦，糖果也許只是微不足道的補償。接受教育將不會或不一定會幫助他們茁壯成長。教育也有可能抑制他們的發展，令他們像花朵一樣枯萎。

好吧，這意味着：我們的父母能夠提供的教育是有問題的。因此，只要一有能力，我們還是應該把教育抓在自己手裏。法定成人年齡，現在大概在十八到二十一歲之間（儘管研究顯示我們的大腦直到二十五歲左右才成熟），可能是我們一生中最艱難的時期。因為這時你自己的選擇第一次處在最突出的位置。太過突出，也許是第一次作出重大抉擇，而每個抉擇都顯得分量太重。你得頂着巨大壓力去作出正確的選擇，這個學習課程、這份工作、這段感情都會影響你今後的命運。需要再過十年才會明白沒有甚麼錯誤是不可以補救的。同時，通過自己的選擇來改善不是你自己選擇的教育，有益無害。我們接下來談一談該怎樣去做。

不去使你看起來鶴立雞羣的地方，去有人比你優秀的地方。這可以作為獲得教育的一個原則，但在學校甚至在大學裏情況也不總是如此，而且這個原則的適用顯然不應局限於學校或大學。頭腦至少需要得到和身體一樣多的鍛煉，大多數的人卻只知道練肌肉。你也無法預知誰擁有你可能需要的知識或智慧。我認識的聰明絕頂的人總是既引經據典，又能從街頭精明的商販那裏學到東西。

說到經典文本，我們得承認，它們流傳至今是有原因的。就好比你可以發明你喜歡的任何東西，但是車輪已經存在六千年，不需要再去發明。《理想國》應該會讓後來的色拉敍馬霍斯們卻步。他們可能會發現某些困惑，但不會發現新的東西。他們如果想推進關於道德和權力的對話，最好先知道柏拉圖已經說了甚麼。（在許多與性關係有關的問題懸而未決的時代，他們可能也有興趣了解，柏拉圖禁止在他的理想國裏實行一夫一妻制，因為如果父親不能確知誰是自己的孩子，就會盡心盡力撫養每個孩子。）《戰爭與和平》為

19 世紀的俄國打開了一扇窗，正如《米德爾馬契》之於 19 世紀的英國，但這兩本書都會使你對愛情、得失、正直的想法有所不同，並相伴隨着成長。也許你是無神論者，但如果不讀宗教巨著，就無法了解世界歷史，也不知道當今世界的諸多方面。

在過去的幾十年裏，圍繞何為正典的爭論異常激烈。"正典"一詞意味着教廷頒佈，如一部古老的典籍經由法令流傳下來，假如你覺得當權者不能再左右你該看些甚麼書，則可以將它忽略。雖然正典需要放寬，但它的大部分內容是站得住腳的，而一些教育家往往在避免歐洲中心主義的名義下呼籲學生放棄正典學習，則是大錯特錯。如果他們關注一下啟蒙運動，就能做得稍微好一點。啟蒙運動本身通常被誤認為是歐洲中心主義的起源。但其實恰恰相反，啟蒙思想家一方面同時重視普遍原則和特殊差異，另一方面又知道如何區分二者。他們沉浸在西方經典文獻之中，雖然很可能是讀用拉丁文而不是希臘文寫成的文獻，但他們很清楚學習其他文化是多麼重要。孟德斯鳩的《波斯人信札》從穆斯林的視角批判歐洲，伏爾泰在書桌上方掛了一幅孔子像，盧梭想了解非洲真實的狀況，而不是"志在中飽私囊而非充實頭腦"的旅行家筆下的非洲。和自身文化有着成熟的關係就像和自己的父母有着成熟的關係。你得決定將哪些遺產要保留，但首先你需要檢查它們。波伏娃說得很傳神："遺忘過去就等於大幅鋭減世界上的人口。"[9]

　　前面已經指出，康德的作品（雖然比托爾斯泰和 T.S. 艾略特的作品晦澀難懂，甚至比柏拉圖和盧梭的還要難）是我們需要特別珍惜的寶貴遺產，雖然我很清楚有人會覺得我對閱讀典籍以及閱讀本身的強調非常過時。甚至我們很多從小到大愛翻書的人，現在大多時候是在屏幕上閱讀了。在這裏我們不宜展開討論網絡對我們的思想起了甚麼作用，對此還有很多我們尚不知道的事情。我相信互聯網迎合了人們的好動心。你在網上閱讀，不會因為作者的意圖而停留。你隨時點擊、再點擊。這個活動令人興奮，也令人發狂，但它與真實的活動之間的關係無異於速食與熱氣騰騰、精心烹製的美食之間的關係。讀一本書需要一定的被動狀態和向作者的構思完全開放的意願，只有這樣你才可能用自己的想像力與理性和作者一同思考。

　　柏拉圖譴責書寫這一發明，他擔心這會損壞我們的記憶力。古人有着驚人的記憶力，荷馬史詩《伊利亞特》與《奧德賽》最初是沒有文字記錄的，這兩部西方文學史上最早的巨著由歷代詩人憑記憶傳唱了幾個世紀，最後才有了手抄本。雖然如此，我還是不贊同柏拉圖的觀點。我花了大量時間在

---

9　Simone de Beauvoir, *The Ethics of Ambiguity*, New York: Citadel Press, 1948, p.92.

網絡上，對它提供的資源心存感激。我甚至點擊國際特赦組織（Amnesty International）和全球性的民間組織 Avaaz 的網站上的大部分連結，不再排斥他們發郵件感謝我所採取的行動。我只是建議你減少上網的時間，採取比點擊滑鼠更大的行動。哪怕是一星期不上網，你就會發現，你的想像力和在世間的存在感發生了多大的變化。

**整整一星期不上網？**我對人們說這樣做帶給我的好處時，大多數人都猶豫不決："你可以不依賴網絡工作真好，但是我的工作很依賴網絡。"實際上我的工作也非常依賴網絡。我們大多數人都有假期，但調查顯示大多數人在度假時仍然在線。實際上，工作只是一個藉口；現在如果你只有一半的郵件是垃圾郵件就算幸運了。至於其他郵件，如果你需要給某人發個信號，證明你還活着，可以走進一家隨處可見的有網絡的咖啡館，僅僅花上喝一杯濃縮咖啡的時間。你要做的不過是忽略郵箱裏的雜誌，它們有很大的誘惑力，彷彿在承諾能讓你了解很重要的事情。有多少次，這樣的承諾到頭來只是一個圈套，讓你着迷於最庸俗的小説或者陌生人最殘酷的罪行？除非你是一個大國的外交部長，否則即使是真實的新聞在短時間內都可以跟你沒關係。"那麼我的工作呢？"如果到目前為止你做得很好，那就不需要由它擺佈了。我們不需要用科學調查去證明網絡帶來工作效率，誠實的內省會讓你發現這一點。但人們確實展開過科學調查，顯示的數據略有不同。最近德國的一份調查顯示，我們平均每週浪費了兩個工作日寫一些沒有人真正需要的郵件；最近美國的一份調查得出的結論則是，百分之八十的在線工作時間非常低效；英國最近的一份調查則統計出每年網絡摸魚（Cyberloafing）的成本高達數十億英鎊。

我再次重申：我不是説我們要完全放棄網絡，而是要拒絕受它控制。只有偶爾不用才知道它在多大程度上控制了你的生活。這樣做，你的腦袋將不再那麼亂糟糟，思想會更集中。你不得不承認盧梭的訓誡依然是有道理的：我們需要的沒有我們一貫認為的那麼多，而事物的可能性則比我們以往想像的要多。

## 旅行

但教育不能止步於書本學習，或説屏幕上學習，現在大概是這樣一種情形了。可以肯定的是，建議把旅行作為教育的一部分，就是建議一段時間不上網。如果你在西西里島長時間上網，還不如待在家裏看別人發的帖子。

公元 4 世紀，奧古斯丁打過一個比方："世界是一本書，不旅行的人只看到其中的一頁。"如果採用他的比方，奧古斯丁可謂閱讀廣泛。他這樣描述自己的生活：一個罪人行走在成為聖徒的道路上。他出生在今天的阿爾及利亞，後移居迦太基，又在羅馬和米蘭生活過，後來回歸故里成為希波

（Hippo）的主教。這是難能可貴的旅程，跟他同時代人相比更是如此。我們已經看到，即使康德也說旅行可以拓展我們對世界的認知，儘管他描寫得沒有其他人那麼熱烈，這沒甚麼可奇怪的。他還說，遊覽其他國家的權利應當成為永久和平的一個條件。他的《論教育學》建議學校從地理課開始教孩子，並指出即便是年紀很小的孩子也會對地圖著迷。

我們不禁會想：他讀《愛彌兒》的時候，有沒有過片刻的羨慕呢？我們可沒有理由把這樣的感受加到這位哥尼斯堡哲人身上，雖然他的確曾說自己是抑鬱症患者。當他讀到該書第五章的時候可曾發出過渴望的歎息呢？在這一章節，盧梭堅持讓愛彌兒在歐洲遊歷兩年，學習兩三門主要的外語，觀察所有真正有意思的事情，不管是和自然、政治、藝術還是和人有關。盧梭說得很清楚："我認為這一點是無可爭辯的，即：任何一個人，要是他只看見過一個民族的人，便不能說他了解人類，而只能說他了解曾經與他生活過的那些人。"（《愛彌兒》，第 451 頁）。

無論是在盧梭的時代，還是在歐洲人可以看到韓國說唱節目的今天，這一點都是真理。確實如此，在今天尤其如此，全球化帶給我們非常了解其他文化的幻象，但實際上並非如此。對文化的無知也不僅限於教育水平低的人。我見過一些受過高等教育的美國人堅持認為，德國地鐵系統不要求乘客出示地鐵票就可以乘坐是行不通的（實際上是可行的，依靠的是德國的信譽制度，另外偶爾也會檢票）；受過教育的英國人無法想像納粹分子會像普通人一樣吃蘋果酥餅（他們會，而且和其他人一樣吃喝拉撒）；受過教育的德國人認為美國人無法理解反諷（一個善於此道的美國人會對此作何回應呢）。實際上，他們中有些人甚至是教授，這也說明了學者自以為是的不成熟。康德寫道：

> 在家庭事務方面，學者樂於保持一種不成熟狀態，把甚麼都交給妻子管。僕人大叫房間着火了，埋在書堆裏的學者答道："你知道，這樣的事歸我太太管。"（《實用人類學》，第 104 頁）

一個沒怎麼受過教育的人或許能迅速撲滅身邊的火焰，但他往往對世界上其他事務感到無助。甚麼是粗魯，甚麼是粗俗，怎樣的舉止是恐嚇人，怎樣的舉動是鼓勵人，甚麼是善意，甚麼是蠻橫，關於這些不同地方有不同的理解。如果不旅行，就很可能認為你自身文化所預設的觀念構成了人類現實。因為只有在另外一個採用別的文化預設的地方生活過，你才能認識到自己文化的預設。旅行既幫助我們了解他者，同時也幫助我們了解自己及自身文化。

因此，盧梭認為旅行是成年至關重要的部分。但是"要想見多識廣，僅僅是在不同的國家漫遊是不夠的。必須知道該怎麼旅行。"（《愛彌兒》，第 452 頁）為了長見識而去旅行，這個目標太模糊。年輕人顯然應該對長見識感興趣。盧梭讓愛彌兒去旅行，是為了了解不同國家的管理模式，這樣一來，他就可以知道他喜歡在哪種體制下生活。盧梭警告說，這不是要去看看"由行政體制和執政者的行話所偽裝的某種表面的國家管理形式"，而是要深入民間，了解國家管理形式給人民實際生活造成的影響（如果上文提到過的美國教授了解德國的公共交通系統在德國實際上如何運作的，他就不會認為這是不可行的）。愛彌兒需要觀察不同的政治制度對普通人生活的影響，以便將來選擇一個"任何人都可以做一個體面人"的地方安家。

盧梭把愛彌兒旅行的目的說得很清楚，同時還詳述了旅行的形式。在徒步翻越阿爾卑斯山之後，愛彌兒堅信再也沒有比這更好的旅行方式了：

> 要徒步旅行，就必須仿照泰勒斯、柏拉圖和畢達哥拉斯那樣去旅行。我很難想像一個哲學家會採取另外一種旅行的方式，不去研究擺在他腳下和眼前的琳琅滿目的東西。凡是對農業有一點興趣的人，誰不想研究一下他所經過的地方有哪些特產和哪些耕作的方法？喜歡自然科學的人，見到一塊土地哪有不去研究的？見到一塊岩石哪有不去敲它幾下的？見到叢山哪有不去採集植物的？見到亂石哪有不去尋找化石的？……我看見了人所能看見的所有事物，而且只依靠我自己，我享受人所能

享有的全部自由。（同上書，第 412 頁）

對於其他旅行方式盧梭既鄙視又同情。不行走的人"傷心地坐在那裏，像個囚犯似的關在狹小封閉的籠子裏"。幸運的是，他沒有活着看到震驚後世的鐵軌。1837 年，法國作家雨果在一封信中這樣描寫坐火車旅行：

　　田邊的花朵不再是花朵，變成了幾抹色彩，或者説是紅色和白色的色條；再也看不到點狀物，所有的一切都變成了條狀物；城市、教堂鐘塔、樹木和地平線狂亂地交織着，舞動着。（轉引自沃爾夫岡・施伊費爾布希：《火車旅行的歷史》〔*Geschichte der Eisenbahnreise*〕，第 54 頁）

不是只有雨果這樣想，那個時代很多人都抱怨火車旅行讓風景消失了。到 19 世紀中葉，旅行的人們找到了補救火車那令人緊張的速度的辦法，那就是書籍。1848 年，史密斯（W.H.Smith）書店首次獲得了在倫敦尤斯頓火車站售書的特許權。坐火車適合看書的定論（以及在火車站開書店的做法）迅速風靡整個歐洲。為了禮貌地避免與其他乘客交談，也為了從中獲得些許慰藉，不用像雨果那樣因為風景的消失而感到不安。如果是盧梭的話，他可能早就暴跳如雷了。不妨想像一下，他們會怎麼評價易捷航空（easyJet）。

盧梭不是最後一位在歐洲大陸徒步旅行的哲學家。波伏娃也經常這樣做，有時候和薩特一起，有時候不是，她對遊歷的描寫和盧梭的一樣令人癡迷。例如，1934 年，她寫道：

> 走了整整三個星期，繞開大路，穿過叢林和原野尋找捷徑。每座山峰都是一次挑戰。美麗的風景盡收眼底——湖泊、瀑布、人跡罕至的峽谷。我背着行囊，每天不知道晚上在哪裏睡覺，當第一顆星星在夜空中閃現的時候我還在走路……常常無法想像看不到花草樹木和天空的情形：至少得和它們的氣味待在一些。所以不去住酒店，寧可再跋涉四、五英里叩開小村莊農舍的門求宿，讓乾草的氣息在我的夢鄉縈繞。（《歲月的力量》〔The Prime of Life〕，第 217 頁）

當我讀到這些句子，還有波伏娃描寫在羅馬的星光下探訪鬥獸場，在倫敦追尋莎士比亞和狄更斯的足跡，在聖托里尼遊船的甲板上演奏希臘音樂的時候，我無法抑制住既羨慕又憂傷的思緒。薩特和波伏娃的旅行既頻繁又漫長，極耗體力，在今天幾乎難以複製。薩特說這樣的旅行不僅使他內心狂喜，而且還給他帶來許多其他的東西。[10] 這樣的旅行無疑會使你更加貼近你離開家想看的事物，不管是壯觀的自然風

---

10 Simone de Beauvoir, *Adieux: A Farewell to Sartre*, New York: Pantheon, 1984, p.232.

光還是激起我們好奇心的人居世界。但是我上次去的鬥獸場擁擠不堪，也很難找到一個地方讓你走上三週而碰不到邊界關卡（在美國某些地方則很可能會遭遇散彈獵槍）。有幾個北歐國家保護人們漫遊的權利，對此限制甚少，如蘇格蘭、挪威和愛沙尼亞的法律保護公眾在國土上行走的權利。但是，我們能盡情漫遊的地方畢竟愈來愈少，而旅行的人又愈來愈多，不管我們多麼渴望，都不可能效仿盧梭和波伏娃。徒步旅行以及盧梭退而求其次的選擇——騎馬旅行，在很大程度上已成為歷史。

相反，盧梭所描述的錯誤的旅行方式聽起來非常現代。旅行是愛彌兒的教育中很重要的一部分，但不是每個人都適合。愛彌兒的教育賦予了他觀察的自由和能力，對於缺乏這兩者的人來說，旅行甚至可能有害無益。

對青年人來說，遊歷之所以更加有害，是我們使他們在遊歷的過程中採取的方法不對。由於一般的教師所關心的是遊歷的樂趣而不是遊歷對青年人所給予的教育，所以他們帶著青年人從這個城市跑到那個城市，看了這個宮廷又看那個宮廷，會見了這一界的人又會見那一界的人；或者，如果教師是個學者或文學家，他就會使青年人把他們的時間消磨於涉獵圖書，消磨於觀賞古跡，研究古老的碑文和翻錄古老的文獻。他們每到一個國家，就去鑽研前一個世紀發生的事情，以為這樣就是在研究那一個國家。因此，他們花了許多旅費，跑遍了整個的歐洲，研究了許多雞毛蒜皮的事情，或者把自己弄得十分厭倦之後回來，仍然是沒有看到任何一樣可能使他們感到興趣的東西，沒有學到任何一樣可能對他們有用的事情。（《愛彌兒》，第 468 頁）

　　這些話完全可以用來評價成千上萬大學的海外交流計劃，這些計劃派年輕人到國外，希望他們置身於別國文化之中學習別國文化，但卻把他們限制在不可能這樣做的狀態之下。他們得到的語言訓練，只夠他們在飯店裏點一瓶啤酒或一個麵包，其他課程通常由自己國家的老師來教授（通常工資微薄，師資也不怎麼樣），錯失所有可能接觸到所在國年輕人的機會。他們做了一個很大的繭，把年輕人束縛在其中，比他們在國內受到的約束還要多。即使在一所美國大學保護過度的環境下，熟知當地文化的學生可以和一個麵包師或酒吧侍者交談，讓他大開眼界，甚至找到一份侍應的工作讓他學到更多東西。不是每個學生都能利用這樣的機會，但是典型的國外交換生完全沒有這樣的機會。他從羅馬或者巴黎回來的時候比他去的時候更糟糕，因為他以為自己已經獲得了大學所宣傳的國外經歷，但實際上他只是從一個學院轉到另外一個學院。他回來的時候可能會感到模糊的失落感，伴隨着對世界本身的失望，世界和他原本了解的沒甚麼不同。他只是會在簡歷上寫道：在法國生活過。

旅行本應該幫助我們成熟，但其結果往往是另一種形式的幼兒化。大部分成年人確實是這樣旅行的。美國哲學家桑塔亞那（George Santayana）毫不吝惜讚譽之詞，言曰：

　　　　最後一種旅行者，也就是臭名昭著的遊客。我自己常常也是其中一員，所以不想對他們扔石頭。從一日遊的遊客到對實物或美景熱切的"朝聖者"，所有的遊客都是古希臘中的旅者之神赫爾墨斯的寵兒，同時也是親切的好奇心和自由心靈的主宰者。具有頻繁地把熟悉轉變為不熟悉的智慧：它使思維敏捷，偏見消除，還培養了幽默感。[11]

　　桑塔亞那出生在一個西班牙外交官家庭，會說很多種語言，是一個與眾不同的旅行者。更重要的是，他在上個世紀之交寫下了上面這段文字。2012 年，世界旅遊組織統計有10.35 億人去國外旅遊。大部分人都是跟同胞組團去的，在導遊的帶領下走馬觀花似的從一個景點趕到另一個景點，與其說是在看風景，倒不如說是在選背景拍照，然後被帶去商店購物，而商店裏的東西在國內也能買得到。這樣的經歷阻礙了人們去真正了解他們所造訪的國家，當地人看到這樣的旅行團避之唯恐不及，除非他們要賣東西給遊客，他們臉上

---

11　George Santayana, "The Philosophy of Travel", in *The Birth of Reason and Other Essays*, New York: Columbia University Press, 1995, p.15.

堆砌的笑容掩飾着內心的竊喜，拿到錢後笑容就消失了。化用桑塔亞那的用語，很難想像，當地人會喜歡洶湧而至的遊客，赫爾墨斯也不可能喜歡他們。

大眾旅遊業是民主的粉飾，它使數百萬人至少有那麼一丁點在過去只有手握特權的人才能享有的經歷。但是旅行不是走馬觀花，觀光也只是旅行的一部分，它要求你所有的感官都對世界上其他存在方式開放。不只是大眾旅遊業阻礙了它所宣稱的經歷。任何一個誠實的旅行者都承認自己也是導致如此問題的原因之一，雖然他固然會苦於被烏合之眾打擾，不能單獨地和米開朗基羅待一會兒，或者不能在露天廣場以物換物。對於有點名氣或財富的人來說，可以採取更奢侈更清靜的旅行方式，但他們不見得從異國的事物中領悟到更多。大衛・洛奇（David Lodge）對科學會議所做的精彩描寫稍作改變就可以適用於國際藝術活動、心理分析大會或達沃斯世界經濟論壇。

啊！歐洲，我們來了！或者亞洲，或者美洲，或者其他任何地方。時值六月，會議季已經拉開序幕。整個學術界都出動了。在穿越大西洋的航班裏有一半的乘客是大學教師。他們的行李箱比一般乘客的要重，裝滿了書和論文——而且比一般乘客的要大，因為他們的衣櫃裏必須要有正式的和休閒的衣服，參加講座要穿的衣服，和去海灘上、博物館、城堡、大教堂和民俗村要穿的衣服。這就是會議旅行的魅力所在：讓工作變成娛樂，專業和旅遊業相結合，而且花的都是別人的錢。寫出一篇論文，然後去看世界！我是簡‧奧斯丁──讓我坐飛機！或者莎士比亞、艾略特、黑茲利特。所有大型客機的機票。啊！（《小世界》，第 231 頁）

這樣的旅行是更好的套餐：導遊更恭敬，看到的風景更獨特，顯然吃得也比交換生計劃或旅遊團好得多，但依然只是套餐。於是他們得到了更大的幻象（如果某個機構願意花錢請我旅行，難道我不是一個真正的成年人了嗎？），雖然幾乎沒有拓展對新世界的體驗。

懷舊沒有用，但如果否認我們已經丟失了本應該努力保持的東西，那是很愚蠢的。世界上有六分之一的人選擇在路上，旅行再也不是過去的樣子了。無疑，18 世紀的旅行者固然不用擔心因為其他旅行者而太擁擠，但他們會有其他方面的擔憂，例如，在空曠的路途中突然殺出攔路搶劫的強盜。儘管如此，我們很難不去懷念旅行者人數沒有那麼多、也沒有人管你那麼多的年代，當時也沒有分支遍佈全球的跨國公司使每個地方看起來都差不多。但話又說回來，不是每個 18 世紀的旅行者都能發現新鮮事物。儘管休謨在法國待了很長的時間，而當時英法兩國的差異比現在要大得多，但他卻說：

如果有一個旅行者由異國歸來，並且給我們敍述出完全異於常見的一種人來⋯⋯則我們正可以根據這些情節，立刻發現出他的虛偽來，並且確乎可以證明他是一個撒謊者。我們敢於確斷，他是一個撒謊者，正如同他給我們敍述出馬面、龍、神跡和怪異似的。（《人類理解研究》，第 84 頁）

**完全異於我們常見的人**。但這正是旅行要去發現的東西。我們會不會被同樣的情緒感動，有沒有同樣的夢想？是否存在普遍人性法則和還未被詮釋的差異？每一個好的旅行者都是初級人類學家，力求理解民族與民族之間、文化與文化之間的異同。對人類來說，唯一可以如此的辦法就是在一種（最好是兩種）與自身文化截然不同的文化裏待上一陣。（在兩種文化裏上待一天，勝過在一種文化裏待上兩天。除了本國之外，如果你只在一個國家待過，就會傾向於把世界分成兩種不同的存在方式，在它們之間永遠有一個蹺蹺板。在第三個國家生活過，你就會認為，有很多不同的方式。）全球化資本主義的確減少了文化差異，但並沒有把它們完全消除。觀察同時在柏林亞歷山大廣場的麥當勞排隊的德國人和美國人，就可以看出很多不同之處：德國人怎麼點餐，美國人的站姿是甚麼樣的，以及他們是怎麼數零錢、拿袋子、和朋友道別的，就可以看到儘管文化特質看起來在消失，但仍在一定程度上保留了下來。

在另一種文化裏生活意味着要在這種文化裏工作，最好別在你現在公司的國外分公司工作。外交官通常每隔幾年就調動一次，防止他們變得像當地人。我的建議是要恰恰相反，你要力所能及地本土化。工作能讓你學到遊客學不到的東西。責任的承擔和規避、目標的設立、任務的分配、甚麼是集體，甚麼是自主，這些在不同的文化裏都有所差異。這些差異不是短時間內能察覺到的。至少得花上一年的時間，你也可以感受到季節的變換、光與熱的交替和樹葉顏色的變化是如何給普通人的生活帶來不同的變化的。最理想的是去一個需要你學習一門外語的地方生活，因為每一種語言裏都隱藏着只有跟另外一種語言比較時才會突顯出來的預設。在一門語言中所有東西都有語法上的性的變化，而在另一門語言裏則沒有，對此你怎麼看？動詞的變化呢？你怎麼看待在一門語言裏，根據親疏關係用遠稱和近稱，或者依據年齡層分等級？如果你覺得他們用詞過於刻板或華麗，而他們則覺得你的語言太過粗魯，你會怎麼做？

哲學家維特根斯坦寫道："哲學問題具有這樣的形式：我找不着北。"[12] 旅行使你睿智地保持了這一狀態，它有利於成長的原因之一在於，它要求你回到小時候離開的位置。

---

12 Ludwig Wittgenstein, *Philosophical Investigations*, trans.G.E.M.Anscombe, Oxford: Blackwell, 1953, sec.123, p.49e.（譯文參照維特根斯坦：《哲學研究》，陳嘉映譯，上海人民出版社，2001 年，第 75 頁。——譯註）

你的立身之物（你在學業或事業上的成功，在家庭或小鎮上的地位），只有當你失去的時候才會知道它們在多大程度上支撐着你。你會經常對你不理解的事物點頭微笑。你會在那些曾經看起來那麼容易的任務面前感到力不從心，以前從未想過需要多大的能力才能完成這些任務。你感到崩潰、孤獨，也許卡繆的話會給你帶來安慰：正是恐懼讓旅行變得有價值。你每天都會在新的世界裏有新的發現，同樣會感到孩子般的好奇心，通向馬拉喀什的道路上的垃圾桶和敖德薩（Odessa）街道上的行道樹都揭示着過去和現在生活在那裏的人們的故事（或者是最令你好奇的其他任何事物）。你可能會像康德曾經評論過亞當和夏娃，在某種意義上他們是世界上最早的旅行者，你很可能會得出類似的結論：不管待在伊甸園有多舒服，走出家門是邁向自由，因而也是進步的第一步。和任何離別一樣，它同時也讓你失去某種東西。

我們很容易聽人抱怨：對那些負擔得起的人來説，旅行是件好事，但是很少有人負擔得起那樣的旅行。盧梭和年輕時的波伏娃都沒錢進行豪華遊，他們都講過自己的窘境：困在陌生的小鎮上身無分文，啃麵包洋蔥，睡廢棄的小屋。如今，窮遊因網絡變得更為容易。如果你願意只為食宿工作，可以去印度摘茶葉，去烏干達教孤兒跳舞，去危地馬拉一家巧克力工廠的辦公室做職員，去阿爾巴尼亞種葡萄，去西伯利亞與考古學家一起挖掘，去摩洛哥建造可持續性農場。喜歡溫情的人可以去康沃爾照顧老人和小孩，或者在法國南部照看一家花園餐廳。在網站上花幾分鐘就可以找到這樣的項目，它們對任何年齡段的人開放。你要做的只是買張去那裏的機票並下決心不去聽那些告誡你這樣的旅行不可行的聲音。也許這些人不想讓你明白你從哪裏來，因為這是旅行帶給你的最大的收穫。

## 工作

對古代哲學家來說，工作是奴隸或女人做的事，不值得抱以興趣。雖然柏拉圖和亞里士多德在很多方面截然不同，但他們都認為專注於沉思的人生是生活的最高形式。現代性的標誌之一，恰恰扭轉了這一價值觀：不是沉思，而是活動才是最根本的人性特徵。如果你願意，可以把它算作財產觀念的改變。洛克是第一位認真描寫勞動的哲學家。他在1689年出版的《政府論（下）》中問道，如果《聖經》告訴我們地球是上帝饋贈給人類的共同財產，那麼怎樣才能證明私有財產的合法性呢？他的回答很簡單：即使在自然狀態下，我們也擁有我們的身體；如果把身體的勞動和某物結合起來，我們也就擁有了它。農民耕種土地、播撒種子、照料幼苗、收穫果實，因此就有權利擁有果實，只要在果實腐爛之前吃個夠，把剩下的給別人。很有意思，盧梭讓愛彌兒種一片豆圃讓他理解甚麼是私有財產。但貨幣的發明使得洛克所說的財富積累的條件不再成立，因為貨幣不像李子或蘋果那樣會腐爛，而且有人試圖論證，洛克理論的提出實際上是為了論證早期資本積累的合法性。當代實業家喜歡用洛克的觀點來爭取更低的税，彷彿成立一家公司就相當於在自己的小園子裏勞動（但公司依賴真正製造產品的工人、培訓他們的學校和通向工廠的道路，更不用説防盜的警察了）。儘管洛克關於財產的勞動理論有這樣那樣的問題，它確實有助於把勞動提到中心位置。

在康德看來，正是行動賦予生命以意義，同時它也成了一種責任。他在《道德形而上學的奠基》中説道，不需要工作的富人像"南海島嶼上的居民"，容易聽任自己的才能生鏽，沉溺於懶散安逸、尋歡作樂和生兒育女。康德説，如果這樣做，就忽略了他對自身人性的責任，因為他和我們所有人一樣都具備與生俱來有待進一步開發的能力。

> 要是亞當和夏娃一直待在伊甸園，他們可能甚麼也不做，只是坐在一起，唱田園牧歌，欣賞大自然的美。這樣的想法同樣是錯的。顯然，和其他人一樣，在這樣的情形下，他們會感到厭倦無聊。人得有事做，為心目中的目標忙碌。他自己完全沒有意識到，對他來説最好的休息就是工作之後的休息。（《論教育學》，第 461 頁）

黑格爾對勞動的讚頌更向前邁了一大步。在他看來，我們自己的人性意識從承認開始，而在圍繞承認展開的鬥爭史中，工作佔有舉足輕重的位置。黑格爾在《精神現象學》

（*Phenomenology of Spirit*，1807 年）中寫道，歷史始於敗者為奴的鬥爭。但主人的勝利也是暫時的，因為被迫為他勞動的奴隸實際上在推動世界歷史前進。究其實，奴隸賦予主人以主人的形式，就此而言，他就是鮮活的上帝形象。馬克思從黑格爾的辯證法出發，認為勞動的能力使人類有別於其他動物，使我們成為有創造力的生物，能打造通天工程。雖然一些高等動物偶爾也能製造些東西，但只有人類能製造生產工具本身。因此，勞動的異化（事實上，我們大多數人都把自己的勞動能力賣給擁有生產工具的人），剝奪了工人的勞動成果，付給工人的工資不過是 CEO 的二百分之一（國際平均工資，不包括獎金和股票收益）；此外，異化勞動還剝奪了工人勞動本身的意義，即人類活動賦予我們自由的本性，因此幾乎是神聖的。馬克思認為，在真正的人類社會，我們所有的勞動能力都將得到發展：我們上午打獵，下午釣魚，吃過晚飯後研究哲學。

鄂蘭堅信活動是人類必不可少的，因此她為她的書《人的境況》起了一個拉丁文書名：*Vita Activa*。她把活動和出生聯繫起來，並視之為政治思想的中心範疇。

> 勞動不僅確保了個體生存，而且保證了人類生命的延續。工作和它的產物——人造物品，為人類生活的空虛無益和人壽的短促易逝賦予了一種持久長存的尺度。而行動，就其致力於政治體的創建和維護而言，為記

憶，即為歷史創造了條件。勞動、工作以及行動，它們都承擔着為作為陌生人來到這個世界上的、源源不絕的新來者，提供和維護世界，為他們作規劃和考慮的責任而言，它們三者都根植於誕生性（natality）。（《人的境況》，第 8-9 頁）

鄂蘭試圖把啟蒙運動對人類行動的一般看法講得更加具體，同時她還特別批評馬克思未能區分勞動和工作。勞動是我們非做不可的事，即不斷生產我們賴以生存的東西，主要是食物。勞動永遠不可能是完全自由的，因為對它的需求出於天性，另一方面勞動也不生產可以持久的東西。相形之下，工作這種活動具有黑格爾和馬克思所覺察到的自由和神聖性質。因為工作創造了可以持久的東西，從桌子到藝術品，它們創造了一個世界，使我們得以在宇宙中確定一個位置，否則宇宙就像我們人一樣無常而又短暫。我們很早就知道我們會死。

凡人的任務和潛在的偉大在於他們創造作品、業績和言辭的能力，這些產物至少在某種程度上屬於長久存在之列，正是通過它們，凡人才能在這個萬物皆不死（除了他們自己）的宇宙中找到他們的位置。（同上書，第 19 頁）

無需借助哲學就可以看到，工作對於人類來說至關重要，它會改變世界的某些部分。看到一個蹣跚學步的孩子玩泥巴的樣子就足以明白這一點，他是那麼認真。只要孩子們有足夠的力氣能用手指握住一個小鏟子或一支鉛筆，他們就開始製作東西了，而且停不下來，除非你把他們放到非常有吸引力的屏幕前面。在米德筆下的薩摩亞和世界上所有貧窮的國家，孩子們到了五歲就要開始勞動，為家庭生活作出實實在在的貢獻。在發達國家，工作是成年人的專屬領域，實際上也是成年人的典型活動。你可以退學，也可以永遠沒有旅行的念頭，但學習如何工作對成長來說是至關重要的。

因此，毫不奇怪，盧梭對工作思考甚多。（我們還沒有講完盧梭。在談到康德的時候，隨時可以看到盧梭的影子。這一事實本身就足以證明對康德的以下漫畫式理解多麼荒唐：康德是沒有心腸、只知道循規蹈矩的形式主義者。）盧梭曾做過雕刻師學徒、雜役、廣告牌畫匠、書記和音樂教師，直到後來在文學上取得成就以及貴族的贊助才得以靠筆桿生活。他筆下的愛彌兒出生富裕，所以他無須為謀生而工作。但盧梭明確指出，如果他出身貧寒，就不需要像現在那樣虧欠別人甚多。任何父親都沒有傳給兒子讓他對別人無用的權利，一個人坐在那裏吃不是他本人掙來的東西，就同搶劫行人的強盜沒有甚麼分別。

一個與社會相隔絕的人，對社會毫無虧欠，有權利隨心所欲地生活。但是，生活於社會之中的人必須依靠別人，所以他得付出工作的代價。沒有人可以例外。因此，工作是人不可推卸的責任。任何一個公民，無論高低貴賤，只要他不幹活，就是一個無賴。（《愛彌兒》，第 195 頁）

因此，愛彌兒要學一門手藝。他已經知道怎麼種地，盧梭讓他種植豆圃不僅給他上了一堂直觀的洛克財產理論課，而且確保他能種出自己吃的食物。但是農民易受命運的擺佈，壞天氣、戰爭，或者一場官司就可以讓他失去土地。相反，手工藝者想去哪兒就去哪兒。他無須擔心，也不用奉承誰。只要他能作出有價值的東西，就能養活自己，也能獲得自由。

"你要我的兒子去學一門手藝，要我的兒子做手工匠人，老師，你是這樣想的嗎？""夫人，我在這方面比你想得更周到，你只知道使他成為王公貴族一類的人物，然而說不定他將來會成為一無所能的人咧；至於我，我要給他一個他怎樣也不會失掉的地位，在任何時候都可以使他引以為榮的地位。"（同上書，第 196 頁）

盧梭想了很多行業後才確定是木工手藝。它乾淨實用，甚至可以是優雅的，還需要技巧和勤奮，能使身體強壯。最重要的是，木工總是可以滿足人們實實在在的需求，因此它遠離虛假需求和虛假需求導致與要求的依賴性。

你是一個建築家或畫家，是的；但是，必須要人家了解你的才能，你才可以施展你的本領。你以為可以把一個作品直接拿到沙龍裏去陳列嗎？啊，那是辦不到的！必須要你在法蘭西學院掛一個名才行，甚至想在牆角邊上找一個陰暗的地方陳列，也要托人家的庇護。所以，把尺子和畫筆扔掉，坐一輛馬車，挨家挨戶地去走訪，這樣才能傳出你的名聲哩。你應當知道，重要的是要善於吹牛而不是本領熟練，如果你只懂得你那門技藝的話，你在別人眼中將永遠是一個無知的人。（同上）

盧梭說道，對於那些像政治顧問那樣教導人以及從事今天賦予人身份的各種職位的人來說，的確就是如此。大多數父母仍然希望他們的孩子和文字或數字打交道（尤其是後者），而不是靠雙手謀生，他們從未意識到這很可能使孩子永遠處於依賴地位。相反，一門手藝可以讓他們不受命運的擺佈。盧梭的建議依然是明智的，即使今天像愛彌兒這樣的人可能要在吵得需要戴上耳塞的、擺滿電鋸的車間裏，而不是站在鄉下後院的木棚裏勞動。他們在哪兒都能養活自己。如果你能做桌子或造房子，無論是法國的普羅旺斯人還是大洋洲的東加人都樂意和你聯繫。

不只是盧梭把木工手藝看作是忠實有用的工作的典範。鄂蘭在區分工作與勞動的時候經常提到桌子。但是世界不需要那麼多的桌子，不是所有人都能以愛彌兒為榜樣。今天，之所以要學習各種學會了就能跟你一輩子的技能，更多的不是因為發展擁有的才能時所獲得的滿足感，以及運用這些才能所享有的自由，而是因為失業這個惡魔。因為我們有其他的問題。盧梭引入虛假需求這個概念，説明我們生活在其中的制度如何與我們的成長背道而馳：玩具使我們眼花繚亂，太多瑣碎的產品使我們目不暇接，以至於我們太忙於作愚蠢的選擇，而忘記了是別人決定着那些成年人應該作的選擇。有必要重提這些想法，它們至今具有顛覆性，而且非常重要。但現在的情況比這位 18 世紀最有先見之明的思想家想像的還要糟糕。

　　保羅・古德曼（Paul Goodman）五十多年前就描述過這個問題。古德曼也接受啟蒙思想家的觀點，即＂哲學真理只有在有意義的活動中才能獲得快樂＂，不過，他在《荒謬的成長》（Growing Up Absurd）中説道，困擾青少年的是以下事實：成年後沒有體面的工作。長大之後的工作無疑應該是有用的，它需要投入精力、精神和自己最耀眼的能力。換言之，工作是可以帶着榮譽和尊嚴去做的。符合這些標準的工作少之又少，大部分工作只是做一些明顯無用、可能有害、肯定浪費的事，微不足道，默默無聞。在古德曼的時代，大家都有活幹。現在，無數有能力的年輕人只要能找到工作就很開心了。他們可作的選擇往往比古德曼的時代的年輕人要差得多。從事體力勞動的人很可能發現自己在生產一些設計不合理的東西。能説會道的人可能會去教書，一份非常體面的職業，但他們很可能發現自己受着教育機構的壓迫，而這些教育機構正在逐漸偏離它們所聲稱的目標。其餘的人很可能只能做做售貨員、商務經理或廣告商。古德曼對後者的指責尤為犀利。他關注的不是廣告引起了虛假需求這樣的經濟和政治問題，"而是人的問題：（演員）像小丑一樣地工作；作家和設計師像白癡一樣地思考；廣播公司和保險公司知道事情的真相，而且煽風點火。他們時而自信滿滿、謊話連篇、油嘴滑舌，時而阿諛奉承、傲慢無禮"。

和古德曼寫書的年代相比，廣告已經變得很微妙而且無所不在，以至於我們不再注意到它的影響，忘記廣告並不是我們生活中必不可少的。亨利·詹姆斯晚期的一部小說預言廣告"新科學"將改變世界。一百年以後，我們已經察覺不到這些改變，也察覺不到廣告是如何入侵我們的生活的。也許唯一能做的就是在古巴這樣的地方待上一陣子，那裏沒有廣告。一踏上哈瓦那的土地，你就會立即注意到那兒沒有廣告牌，也不再需要思考廣告牌所呈現的經過精心設計的扭曲是聰明的還是愚蠢的。你突然意識到，你在其他地方會問自己這樣的問題：這比我已有的東西更好嗎？穿在我身上會是這樣子的嗎？會討他歡心，令她羨慕嗎？我能在促銷活動結束之前趕到嗎？這些問題從意識的邊緣升起。在廣告的深處交織着情感。廣告模特的皮膚光滑細膩，身材火辣性感。他們的目的就是把你的自信揉成碎片。如果我擁有其中一樣，是不是可以看起來光彩照人？如果我擁有其中一樣，會不會有更多的愛慕者？廣告業用"創意人"一詞來形容那些耗盡餘生來尋找新的途徑潛入我們的頭腦來説服我們購買無用的東西的人，這實際上充其量不過是拙劣仿作上的點綴。

既然世上沒有給成年人更好的有意義的工作，我們不願意長大就不足為奇了。古德曼要我們對這些習以為常的事實抱以驚訝。對我們大多數人來説，問一份工作是否真的有創造性已是一種奢侈，我們只是關心薪酬高不高，工作條件好不好。"在我最富創造性的年歲裏，我每天花八個小時做毫無意義的事情——成長要面臨這樣的事實意味着甚麼？這是問題之所在。"那些工作條件不合情理，但我們不得不相信它們自然是或曾經是世界的一部分。在工會軟弱無力、薪水微薄、電子產品隨處可見的時代，如果一天中只需要用八小時做毫無意義的事情，我們大多數人都會感到很開心。

在過去一個世紀裏，工作在很多方面已經變得愈來愈難，也愈來愈難以令人滿意，但我只着重講一個方面。古德曼以及同時代的其他評論家提到過計劃淘汰（planned obsolescence），上文關於工作哲學的討論應該能讓我們明白計劃淘汰是多麼可怕。很多關於社會的壓迫性特徵的説法都是未經深思熟慮就提出來了，這讓陰謀論顯得可笑，但計劃淘汰的確是同業聯盟想出來的。1924 年，由通用電氣、歐司朗和飛利浦等製造商組成的聯盟太陽神卡特爾（Phoebus Cartel）在瑞士開會，達成了把燈泡使用壽命縮短為 1,000 小時的協定，而當時燈泡的平均使用壽命長達 2,500 小時（有些燈泡用了 100 年還在用），這樣就可以賣掉雙倍以上的燈泡。卡特爾成員嚴格控制旗下子公司，不降低燈泡品質的公司會受到懲罰。卡特爾在十年內成功地把燈泡的使用壽命的標準定為 1,000 小時。這樣做不需要陰謀，因為類似的想法早就不是秘密了。1928 年，剛創辦不久的廣告期刊《印刷機墨水》（*Printers Ink*）聲稱“用不壞的物品對商界來說是個悲劇”。商品製造出來一定會損壞的做法絕不限於燈泡，汽車行業早就發現了這一點。1931 年，通用汽車擠走福特控制了市場，因為後者過於守舊，堅信產品應該做得經久耐用。

“計劃淘汰”一詞最早出現於 1932 年美國企業家伯納德 • 倫敦（Bernard London）所寫的小冊子，認為要降低大蕭條時期的失業率，政府應該強制執行計劃淘汰。在一個環境保護意識還有待加強的時代，這個解決方案看起來很簡單：產品報廢得愈快，需要生產的產品就愈多，需要投入生產的工人也愈多。這裏不需要贅述公司賺取的利潤也會更多。事實證明，伯納德 • 倫敦的強制性計劃淘汰提議是沒有必要的，因為廣告業深諳誘惑比法律更有效力。讓消費者相信他們的東西在還沒有真正壞掉之前就已經過時了的做法始於 20 世紀 50 年代。商品有時候還需要修補。杜邦公司發明了強韌無比，可以拉動一輛卡車的尼龍絲襪之後，公司讓化學家重新回到實驗室去設計出手指甲也能劃破的絲襪。今天的產品大多含有確保它們會用壞的電腦晶片，現在我們每隔幾年就得更新一次我們所需的大部分東西。這樣的生產體系再也不需要同業聯盟和罰款就能得到維護。過去，東德燈泡製造廠的產品點亮了半個北京。1981 年他們試圖在西德交易會上出售使用壽命更長的產品，但別的公司都沒有興趣購買其產品。柏林牆倒塌，東歐人的出行不再受限，西歐公司的貿易限制也隨之取消之後，這家工廠很快就倒閉了。

批評家萬斯・帕卡德（Vance Packard）和大衛・理斯曼（David Riesman）與古德曼相差甚大，但他們也譴責計劃淘汰的引入，哀歎 20 世紀 60 年代早期迅速崛起的消費文化的其他特徵。這很可能是"計劃淘汰"一詞不再使用的原因，取而代之的是含糊的"產品生命週期"（product life circle）。生命週期聽起來很正常，是從生到死的生命過程。現在我們使用的大部分東西還沒付清全款就得換新了，我們還覺得這很自然。鄂蘭的分析恰恰揭示了這樣想是多麼的反自然：

> 如果不從大自然獲取東西並消耗它們，如果不保護自己免受自然興衰過程的侵蝕，具有勞動能力的動物就不能生活。但是，如果沒有其耐久性適合於使用並建立一個世界（它的永恆恰恰與生命的短暫形成鮮明對照）的東西，使人在其中有家園之感，那麼這種生活就不是屬人的。（《人的境況》，第 135 頁）

鄂蘭在《人的境況》中的論述拓展並完善了現代哲學的信念：人類生活不是被動的。換一種說法，我們是依着造物主，也就是創世的存在者的形象造出來的。當代生活把這一點顛倒過來了，因為它的基礎是一種極度不平等且對地球具有破壞力的經濟，它破壞人的根本價值本身，即創造有價值之物的慾望。我們希望自己的勞動所結出的果實和付房租沒有關係。有時我們可以看到這一點：手藝人做了張桌子、補了雙鞋子、造了個句子或者烤了塊麵包之後，臉上流露的滿足感會永遠留在那裏。（因為麵包會發黴，不能保存很久，鄂蘭沒有把烤麵包算作工作，而是納入級別較低的勞動。一位好的麵包師依然希望人們在吃完麵包之後能夠記住它的味道。）現在的年輕人大多不再幹手藝活，而"手工"也變成了一個與"愛好"相關的詞，被用作給小孩子或阿茲海默病（老年癡呆症）患者轉移注意力的方式，因為他們做的東西沒有價值，語言往往會掩蓋而不是揭示真相。

為甚麼成年人想創造有價值的東西？不妨稱之為感恩回饋。我們得到了饋贈，能活在世上，因此想回饋世界一些東西以表示謝意。也可以稱之為自戀，我們想在世間留下自己的印記。兩者可能結合起來，成為我們尊嚴的一部分，作為一個獨一無二的人，我想在世間留下簽上我名字的東西。**這是我之所以是我的一部分。**（正如鄂蘭所說，對奴隸制的一種譴責，乃是在世上走了一遭沒有留下任何存在過的痕跡。）在一個由生產廢品所驅動的經濟體系裏，尊嚴遭到了否定。

人們常常用其他名字來稱呼這種被設計成迅速報廢的產品，但據說世界上最賺錢的行業，即金融業，成功地把一樣產品命名為"垃圾債券"，並且已經因為它們所造成的廢墟而受到過懲罰。

自 20 世紀 50 年代出現上面這一類批判以來，有些詞愈發清晰，而另一些則愈發含糊。古德曼可能會認為，下面那種樣子的未來未免誇張：

> 設想一下超出了人類尺度的人造環境會是甚麼樣的。商業、政府和固定資產封鎖了所有的空間……公眾言論完全不顧人類現實。在僵化的等級制度裏，每個人都有一個位置，上流階層不代表任何與文化相干的東西。大學純粹變成了技工與文化人類學家的培養基地……聯邦調查局的檔案卡記錄了每個人的謊言與真相。如此等等。（《荒謬的成長》，第 123 頁）

也許我們會羨慕他的恐懼。五十年後的今天我們不得不身居其中的世界，還不如他所擔憂的。只要想一想搖滾樂和藍色牛仔褲變成了商機就會明白，幾乎沒有留給我們可以生出反抗的空間。互聯網的本意是要把我們聯結在一起，獲得更大的自由。它確實把我們聯結在一起了，但同時卻讓我們處於古德曼筆下的聯邦調查局只能在夢裏想一想的監管形式之下。誠然，對很多人來說，這樣的聯繫的確帶來了更大的自由，使得批判活動家羣體能夠形成跨國聯盟，採取一致行動反對糟糕的境況。有些人忙忙碌碌，只為了拯救地球。他們的想法是對的，我們想要的其他任何東西都要以此為前提。但是，很多環保人士的批評沒有找對地方。例如，我們常常看到，人們譴責啟蒙運動引起了氣候變化，因為它讓我們對自然採取無止境的行動，而不是與之和平共處。這一類批評常常嚮往啟蒙運動之前的文化，希望回到以前的生活方式。

另一些看到的更全面：我們的現狀不是落實而是顛覆了啟蒙態度。威脅生命的行為無論如何都不是符合生命的應然狀態的行為。我們天生強烈要求過一種囊括學習、旅行和工作等一切活動在內的生活。然而，我們一方面被困在一個把人的需要倒置的世界之中，另一方面又與之共謀。這不是説我們長大了就接受現實永遠不會與我們的生活理想相符的事實。真正的問題比這更糟糕、更系統。我們告訴孩子，他們提出的所有問題和已經想到的很多問題都會在學校裏找到答案，然而，他們被送去的機構卻讓他們失去了提問的慾望。我們想要更了解世界，而不是窩在世界的某個角落裏，但我們的旅行大多事與願違。要麼在無比嚴密的保護措施之下遊覽成人世界，要麼完全逃離成人世界，否則就在你付得起的陽光最燦爛的沙堆上玩耍。我們想在世上留下印記，但結果只是製造或出售一些讓我們分神的、注定要損壞的玩物。我們把本應成為生命本質的活動變成了僅用以維持生計的手段。總之，我們認為理所當然的生活方式是對生活本身的歪曲與倒置。那麼，誰想長大去面對這樣的生活呢？

我們用哲學展現了我們所處世界的某些觀念性的恐怖之處，希望能夠理解世界在何種程度上違反了我們的天性，從而有助於我們反抗它。但是我們提及的事實無一是新的。這些事實顯而易見，令人震驚，所以德國作家英果·舒爾策（Ingo Schulze）把和我們有類似想法的人比作安徒生童話《皇帝的新裝》中的孩子。[13] 所有人都知道統治者赤裸裸地站在那裏，但是沒有人願意指出，除了害怕別人説自己是啞巴或蠢材外，沒有別的損失。令舒爾策感到吃驚的是，金融危機所暴露出的政策，要比他在 20 世紀 70 年代共產主義東德的學校裏所學的資本主義還要惡劣。

1989 年東歐劇變的影響遠不限於東歐。成千上萬的人湧過柏林牆的景象近乎讓比較兩種制度的任何做法都顯得無關緊要。自冷戰結束以來，新自由主義（認為不加監管的自由市場生產愈來愈多的劣質產品是人類幸福的基礎）似乎成了一種宗教，同時又帶着絕對主義的論調。人們像對待陳舊的嬉皮士或空談的史太林主義者那樣斷然攆走尋找其他可能性的人。戴卓爾夫人的名言 —— **別無選擇**，即便認為 "這不

---

13　Ingo Schulze, *Unsere schöne neue Kleider*, Berlin: Hanser Berlin, 2012.

可能是對的"的人也接受了。同時，進化心理學預言自然永久的競爭是人類行動的基礎，它成為最流行的一種對人類行為的解釋並非偶然。

市場原教旨主義成為全球主流意識形態的同時，宗教原教旨主義也爆發了，這當然絕非偶然。可悲的是，兩者是彼此最常見的替代者。在冷戰中取得勝利的人們堅信，其他意識形態將被他們的新自由主義所取代，新自由主義的底線是衡量一切價值的標準。與這樣的預言相對抗的是，我們看到過去幾十年裏有些人在憤怒地拒絕如下觀念，即物質需求才是我們的驅動力，其他一切都是可以犧牲的無價值的東西。很早之前，馬克思就要言不煩地批判了這一觀念：

> 資產階級……把宗教虔誠……淹沒在利己主義打算的冰水之中。它把人的尊嚴變成了交換價值，用一種沒有良心的貿易自由代替了無數特許的和自力掙得的自由。……一切固定的東西都煙消雲散了，一切神聖的東西都被褻瀆了。（《共產黨宣言》，1848年）

但是，馬克思主義所許諾的一切似乎都因現實中社會主義的挫敗而無法兌現，在這樣一個時代，傳統的宗教成了通往理想主義的捷徑。任何嚴肅的聖戰研究都告訴我們，當代西方文化最犀利的對手是那些接觸過西方文化的人。[14] 之所以會有人崇拜本·拉登，不是因為他的組織（它比通常設想的要弱得多，亂得多），而是因為他蔑視他的巨額財富能買得起的一切東西而甘願以山洞為家。

在所有重要的宗教中，原教旨主義處在上升期，因為它似乎提供了某種不能買賣的有價值的東西。其悲劇在於，即使在它沒有引發暴力的地方，它也無力提供它所追求的那種尊嚴。成年與宗教權威宣揚的行為毫無關聯。但是我們提供了何種其他選擇？前紐約市市長魯迪·朱利安尼（Rudy Giuliani）告訴市民，用購物對抗恐怖襲擊。這真是一個令人振奮的觀點——不，確切地説，英雄主義的觀點。在這樣一個世界裏，原本用於諷刺的那句話不再具有反諷意味：死的時候，誰的玩具最多誰就是贏家。在這樣一個世界裏，孩子們再也看不到成長比收藏更多的玩具有更多的意義，於是有些人就會尋找手頭最簡單的替代方案。

幸運的是，在過去幾年裏，已經有人開始提出其他可能性。雖然還沒有大規模的運動，但是一些小的團體決心尋找生產、消費、勞動和工作的其他形式，這樣的做法遍佈全球。他們致力於裁決而不是受制於世界，明智地消費物品而

---

14  Scott Atran, *Talking to the Enemy: Violent Extremism, Sacred Values, and What it Means to Be Human*, London: Penguin, 2011.

157

不是被物品消費。我們不需要深刻的洞察就可以發現，現在的境況不適合成年人。如果舒爾策的比喻是對的，那麼我們根本不需要洞見，只需要有勇氣道出真相而不害怕被人說孩子氣。但是擔心別人是否認為你成熟，不是最不成熟的表現嗎？

# 第四章　為甚麼長大？

　　簡短回答：因為它比你想的要難，難太多以至於你想抗拒。塑造我們世界的力量已不再像康德的時代那樣關注真正的長大成人，因為孩子更容易成為順從的臣民（兼消費者）。康德在道出這一點時，也小心翼翼地指出與我們的不成熟不謀而合的方面：自己思考要比別人替你思考不舒服得多。康德已經把問題的結構剖析得十分清楚，但驅使我們處在不成熟狀態的事物比從前更微妙、更具有侵略性。我們的周圍充斥着各種各樣的資訊。有一半的資訊迫使我們變得嚴肅，不再做夢，接受世界實際的樣子，並把成人的世界描繪成對現狀的妥協。另一半的資訊則是關於如何保持年輕的產品和建議，多得氾濫成災。我們幾乎不會看到理想中應該有的成年圖景。如果成熟的慘淡景象從未被明瞭地策劃過，那些策劃者正是希望世界不要比現狀好以便從中獲利，那麼現在的情況是大大地符合他們的利益。向世人展示任何正常的靈魂都不會渴望的成熟景象，還有甚麼比這更能驅使人們陷入自發的不成熟狀態呢？

　　聽到 "嚴肅" （serious） 這個詞你會想到甚麼呢？詞典的解釋是雙向的，列出的同義詞有嚴厲、不笑、冷酷、陰沉和不幽默，但同時又有認真、真誠、全心全意、堅定和果斷。一層定義關涉 "一個人的所說或所為"；另一層定義關涉 "嚴肅、重要或複雜的事情"。成年的主流圖景把這些定義全部混合在一起，醞釀成一鍋酸澀的湯。結果，即便是非常有思想的人也把抗拒成長當作自由和精神的標誌，這是我的兩個朋友聽到我在寫這本書時的反應。他們各有特點，但都屬於我所認識的最成功的成年人，儘管其中只有一位獲得了世俗意義上的成功所代表的一切。現在兩個人都當了爺爺，仍然熱衷於藝術和寫作，穿梭於多種語言之間，是心胸開放的行動派。他們聽了我選擇的主題都感到吃驚，其中一位還覺得很厭惡。另一個則坦率地說："彼得·潘一直是我心目中的英雄。" 如果你見過我這位朋友，你無法想像他會這樣。

　　成年需要面對極其複雜的社會阻力，所以它是一個顛覆性的理想。和其他理想一樣，它指導着我們的行動，但永遠無法通過我們的行動得到全面實現。盧梭的問題依然是我們的問題：一個從根本上否定成年的社會不可能培養出非常活躍且有責任感的公民。但另一方面，如果沒有相當數量的有責任感的成年人，也不可能創造出另一種社會。康德知道他的解決辦法只能是不完備的：成長永遠無法完成。它需要幾代人的努力，每一代人都受到我們無法選擇的教育的限制，我們充其量可以從中獲取某些有價值的東西，在一定程度上將我們從其他價值中解放出來。1968 年，哲學家馬爾庫塞甚至寫道："當今所有的教育都是治療：通過各種可能的社會手段解放人，而這個社會本身遲早會把人變成畜生，即便人絲毫沒有察覺到這一點。"[1]

但一定程度的解放也會讓下一代有一個更好的開始。你得承認哪怕盡最大的努力去獨立思考和自主行動，也不可能獲得完滿的結果，而這並非失敗，有這樣的認識乃是成長的題中應有之義。甚至，用"向上發展"（growing up）的隱喻來理解成年也是誤導性的，人生過程始於兒童期的身體生長，進而鼓勵我們去設想人生之途穩步上升直到頂峰，然後消失在雲端（如果你有宗教信仰的話）或者滑入另一端（如果你沒有宗教信仰的話）。但道路總是不平坦的。你攀上高峰，結果卻發現它只是座小山丘。你迅速鼓起勁頭走下山丘，穿過平地，直到開始又一次攀登高峰，你現在確信它是最後一座真正的高峰了。這樣或那樣的成功。隨着年齡的增長，你愈來愈意識到平地並非沒有盡頭，縱身跳下也絕少致命。如果你喜歡其他旅行模式（生命好比旅程，這是非常古老的比喻），也許可以想像自己坐在"紐拉特（Otto Neurath）之

---

1　Herbert Marcuse, "Liberation from the Affluent Society", in David Cooper, ed., *The Dialectics of Liberation*, Harmondsworth: Penguin, 1968.

舟"："我們就像水手，必須在遼闊的大海上修復自己的船隻，沒有條件在乾塢上拆卸它、用最好的構建組裝它。"[2]

每一個學習分析哲學的人都在認識論或科學哲學的入門課上聽到過這句引文，也會聽到這句話是出自奧地利哲學家紐拉特，維也納學派的創始人之一，該學派常被視為分析哲學的源頭。但很可能沒有聽說過這句名言最初出自《反斯賓格勒》(Anti-Spengler)，也不會知道這本書寫於獄中。紐拉特把這本書獻給"年輕人和他們所塑造的未來"，以批判當時的暢銷書《西方的沒落》(Decline of the West)。在那本書中，斯賓格勒 (Oswald Spengler) 花了兩卷的篇幅論證衰落與末日。

紐拉特選擇了一條不同的道路。除了寫作，講授邏輯學、政治經濟學、科學哲學和社會學以外，他還領導開發面向低收入勞動者的住房，並創辦維也納社會經濟博物館。他最熱衷的事業還包括教育，所發明的成人教育圖表系統影響至今。這些僅僅是輝煌的部分。紐拉特曾經領導巴伐利亞蘇維埃共和國經濟規劃局，當短命的巴伐利亞蘇維埃共和國覆滅時，做了一輩子左翼社會民主黨黨員的紐拉特被捕入獄了。在他到紐約和莫斯科等地旅行之後，奧地利淪為納粹附

---

2　Otto Neurath, *Anti-Spengler*, Munich: Georg D.W.Callwey, 1921, p.199.

屬國，紐拉特離開維也納，流亡到了荷蘭和英國。從紐拉特高強度多彩的活動來看，他拒絕屈從於斯賓格勒等人宣告的世界衰退的論調。他的生活和他那著名的比喻一樣，堪稱成年人的典範。

有些讀者可能前面讀下來一直很順暢，但會在這一點上猶豫不決。這樣的生活非常適合有些人……精力特別充沛的人，但是如果你稱之為成年，大部分人不想要這樣的生活。他們倒不是認為成年就需要打領帶或表情嚴肅（比如"板着臉"），但是他們能感覺到世事要求他們切實地考慮一切才能有所收穫。謝謝你的好意，不過他們寧可窩在沙發裏上上網。你能對他們説甚麼呢？盧梭在《社會契約論》裏説了一句聽起來讓人感到遺憾的話，那就是"人們必須被迫獲得自由"，但他也知道自由和強迫是衝突的。我們的確會説有些人是被迫長大的，戰爭、遺棄或家庭悲劇過早地將他們推向他們本不該承擔的責任。但是沒有人願意發生這些，因為這樣造就的人固然可能有我們需要的堅毅勇敢，但同時也很可能充滿痛苦與恐懼。我們不能命令別人變得成熟，它必須是人們發自內心的渴望。我們能做的不是強制而是勸導，運用比我們現在所知道的更具有説服力的模式。我們需要的不是因光明即將熄滅生起的憤怒，而是要像狄蘭·托馬斯（Dylan Thomas）那樣，因為用"風燭殘年"來形容年老的光景而感到憤怒。某些發光體愈到後來愈是明亮。

年歲漸長，我們有了自己的經驗和視角。這還不是智慧，但視角往往帶來了年輕人所不知道的愉悅。過去十年出現了大量的研究，對於認為成年是一門充滿失望的功課的人來說，心理學家和經濟學家有一個令人吃驚的發現：大多數人愈老愈快樂。這些研究包括長達五十年的格蘭特研究（the Grant study），它對哈佛大學的畢業生進行了深度訪問，受訪人來自 72 個國家。調查沒有過分注重細節，而是頗為寬泛。大部分人的匯報呈現出 "U" 型現象：中年之前，人們的快樂一年比一年少，全球平均低谷在 46 歲，儘管國與國之間差異很大，年齡最小的國家是瑞士，35 歲；最高的是烏克蘭，62 歲；過了這個年齡點之後他們認為自己愈來愈快樂。研究人員考察了所有明顯的因素，收入、就業率和孩子，但發現這些都無關緊要。不管社會地位和經濟狀況如何，隨着年齡的增長，人們認為他們的生活愈來愈愉快。從美國到津巴布韋的實證數據都顯示了這樣的結果。

　　這樣的調查結果迫使科學家努力尋求解釋。有一項研究對大腦進行掃描，發現年紀大的人淡化了對負面事物的記憶。這意味着老化的海馬體篩選愉快的經歷而壓制不愉快的記憶。另一項研究比較了 30 歲和 70 歲的人對詆毀他們的人的反應：兩組人都很憂傷，但只有年輕人真正為此生氣。這説明年長的人更容易控制情緒。這兩種解釋應該都有一些道理。嘲世者可能把這些調查結果理解為期望值降低，我們變得只要很少一點東西就能讓我們快樂。大多數心理學家承認，我們就是不知道為甚麼在這樣一個世界裏，成長被描繪成一個衰退的過程。無論是希望和快樂，還是幫助我們實現希望獲得快樂的身體能力都日漸衰退。那麼多實證研究的結果恰恰相反。

他們也報告了很多成長的正面信息。1890 年，美國哲學家兼心理學家詹姆斯説道："我們大多數人到了 30 歲，性格已經像石膏一樣，不會再柔軟了。"[3] 他顯然錯了。例如，希伊（Gail Sheehy）和威廉特（George Vaillant）分別對生命週期這一課題進行了長期研究，他們設想人們到五十幾歲就停止成長，但調查對象令他們對此改觀良多。威廉特報道説，一位 75 歲的受訪者非常憤慨，他知道，隨着年齡的增長他只會愈來愈好。而且愈來愈快樂，部分原因是因為他知道這一點。萊昂納德・科恩（Leonard Cohen）説得很具體，他的骨頭可能"會在曾經活躍的地方出現疼痛"，但他依然在努力使自己成為想要成為的人，他的生活充滿了他以前從未發現的意義。[4]

即使在與成長敵對的文化裏，人們還是身處一個不得不在某種程度上成長的過程裏不由自主地變老。在成長過程

3　William James, *The Principles of Psychology*, vol.1, London: Macmillan, 1890, p.121.

4　George Vaillant, *Triumphs of Experience*, Cambridge, Mass.: Harvard University Press, 2012.

中，我們發現事物變得美好了，愈來愈強烈地感覺到美感上的愉悅。少年時你聽到人們說應該欣賞日落，但你忙於探索世界，不能靜靜地坐下來觀賞。再後來，你抗拒本應該感覺得到的情感，斥之為庸俗。隨着年齡的增長，你不再關心日落在別人眼中是否庸俗。你用自己的眼睛去看它，內心充滿感激和欣喜。對於美好的藝術和音樂也同樣如此。古羅馬哲學家西塞羅在他的花園裏發現：

> 從土裏繁殖出來的一切東西都具有一種自然力，因為泥土能使一粒細小的無花果籽、一粒葡萄核，或其他穀類和植物的最小的種子，長成碩壯的枝幹。關於這種自然力，我在這裏就不談了。但是楔形切枝、接穗、插枝、壓條 —— 難道這些還不夠令人驚喜嗎？（《論老年》〔*Old Age*〕）[5]

他接着花了不少筆墨描寫葡萄藤這類尋常事物，大發感慨："還有甚麼比葡萄更可口、更美觀的呢？"美感享受的純粹性增強了，而其他形式的感官愉悅也改變了。你仍然能感覺到強烈的慾望並且會滿足慾望，但它不再像年輕時是主宰你的力量。柏拉圖的《理想國》開篇講了一個詩人索福克勒斯的故事，有人問他："索福克勒斯，你對於談情說愛怎

---

5  譯文參照西塞羅：《論老年 論友誼 論責任》，徐奕春譯，商務印書館，2003 年，26-27 頁。—— 譯註

麼樣了，這麼大年紀還向女人獻殷勤嗎？"他說："別提啦！洗手不幹啦！謝天謝地，我就像從一個又瘋又狠的奴隸主手裏掙脫出來了似的。"[6] 你可能會同情索福克勒斯，並且提醒你自己畢竟他是一位悲劇詩人。但是你從未作過一個浪漫的決定（可能是我們所作的最重大的決定），拋開慾望確證愛？成長意味着認識到生命中沒有一個階段是最好的，因此下決心享受每一秒能夠抓住的快樂。你知道分分秒秒都會過去，一旦辜負了就再也體驗不到。

隨着年齡的增長，我們會愈來愈勇敢嗎？西塞羅說年老時比年輕時更自信也更勇敢，因為年老的人已經看淡死亡。有時候，往往是因為我們知道每一個人和我們一樣，害怕被別人發現自己害怕死亡於是假裝不害怕。那些看起來比你勇敢的人也像你一樣害怕，他們只是在黑暗中把口哨吹得響亮一些罷了。當你明白這一點時，自信心就會增強，而這自信心本身就是快樂之源。你也許會開始明白康德的看法：你對自己負有責任，責任的基礎是尊嚴，你需要把人性的觀念持存在你自己那裏（《論教育學》，第 475-476 頁）。生活依然會帶給你意外（如果沒有意外，你也會感到迷茫），但是你學會了相信自己對意外所作出的反應。你已開始構思一個如何將生活的片段整合起來的故事。這個故事會不止一次地修

---

6 　譯文參照柏拉圖：《理想國》，郭斌和、張竹明譯，商務印書館，1986 年，第 3 頁。──譯註

改，變得愈來愈條理分明，即便並不總是變得愈來愈真實，它隨着時間的流逝塑造你的生活。地點和物體會讓它發出回聲。（你曾因某段戀情站在一個街角哭得傷心欲絕，現在提起此事，就像在説一件趣事；你從集市上的一個女子那裏買一個籃子，她跟你談起了她的家鄉；那幅花鳥畫是一個二十年前絕交的朋友畫的，至於為甚麼結束友誼，即使你們倆今天在街上碰到也想不起來了。）

將生活視為一個整體的能力使你看見自己在生活中的力量，並發展出對自己性格的感知。因為整體永遠不是靜態的，太容易失去。這更關乎決心，你開始弄清楚你想成為甚麼樣的人，並下決心更加努力地成為你想要成為的人。這樣做的時候，你根本不會關心人們會怎麼看你，儘管你對他們更有用了。每一個談論生命週期的心理學家都會談到艾瑞克森所説的繁衍慾，滿足感源自對世界的回饋，而你回饋的事物比你獲得的更美好，尤其是撫養孩子。你也許會找到生養的快樂。你可以贈送一份禮物或者真誠地讚美，而不用擔心會被看作是奉承，你再也不會把喋喋不休的批評看作是聰明的標誌。

因為你的智力多半已經提高。康德把我們心智的功能分成不同的種類。這不是甚麼新做法，但也沒有過時。神經科學研究會澄清一些東西，但神經科學的發現不會使康德的心智研究過時。弄清楚你思考這個或那個的時候，大腦的哪個部位正在運轉並不能說明意識思維是如何起作用的。柏拉圖對能反映我們如何思考的模式進行了試驗，從笛卡兒開始的現代哲學家費盡心思去弄明白心智是如何運轉的。他們描述了推理、想像、直覺感知、理解、判斷、常識以及其他一系列智力活動，分類學是變動不一的。有些分類學編得像教科書，由一個簡單的假設引導：了解我們是如何思考的會使我們更好地思考，誰會反對這一點呢？康德的目標與此相似，但可能更雄心勃勃，儘管比起他的前輩，他把大腦是如何運轉的解釋得更細緻、更系統 —— 也許並沒有他自己或他的批評者所認為的那麼系統。

康德最重要的著作《純粹理性批判》把心智分為三大基本功能。通過感性我們可以獲得時空中的原始材料；通過知性，我們將這些材料加工到有質有量及其他性質的對象之中；只有運用理性才能真正思考它們。我在第二章已經提到，正是理性從對現實的簡單認知中抽身向後，才得以追問為甚麼現實是這樣而不是那樣的，這也是創造性活動和社會變化等等的條件。無論你能否真正得到，對公正與快樂充滿期待是合理的，不是幼稚的白日夢，而是理性本身的第一定律使你譴責現實的某些方面。充足理由律就是要求世界應該有道理，不公正是沒有道理的。

如果你真的讀完《純粹理性批判》這本書，就會發現這一點是非常清楚的。在羅素這樣的讀者開始打盹之前，康德介紹了心智的另一個功能。他對感性、知性和理性的討論非常詳盡，有時還顯得冗長；相形之下，他對判斷力的討論異常簡短。他告訴我們，判斷力是把原則用於具體事例的能力，並認為它是一種只能被練習而不能被教導的特殊才能，"缺乏了這種特質，就不是教育所能補救的"（A133/B172）。教授如何運用原則的原則，會導致無窮倒退，因為你怎麼知道甚麼時候在哪裏運用這個原則？我們的經驗是具體的。我無法體驗一般意義上的樹，但可以看見窗前飄着黃葉的菩提樹。如果我不能決定這樣的行為是光榮的或那樣的行為是可恥的，道德原則不會帶來任何益處。如果沒有判斷力，你可能會理解某個普遍原則卻沒有能力辨別某個具體的事例是否從屬於這個原則。整部《純粹理性批判》唯一一個（比較）有趣的註腳就是關於這類人的：

> 判斷力的缺乏，也正是通常所謂愚笨。這種短處是無法補救的。一個頭腦遲鈍或頭腦褊狹的人，如果缺乏的只是適當程度的知性和知性應有的概念，誠然可通過學習而受到鍛煉，甚至能成為有學問的人。但是由於這種人通常缺乏判斷力，所以我們就時常遇見有學問的人在應用他們的科學知識時，依然暴露那無法補救的原有缺陷。（A135/B173）

康德的作品裏很多地方都拿法律打比方，這是有原因的。一個好的法官已經學過法律並且了解與之相關的所有普遍原則，他的工作就是聽一系列合理的爭論，然後拉開距離、反思並作出裁決：這不是謀殺，而是過失殺人。沒有判斷力，理性就會癱瘓，就不能把理性觀念應用於世界。人們常常嘲笑康德是循規蹈矩的，在談及他的倫理學時尤其如此。他的絕對律令（這一道德法則告訴我們，不要把他人當成實現自己目的的手段，而要把他人當成目的本身）往往被描繪成一架壓制出我們行事規則的機器。把人們當成目的而不是手段來對待固然是一個很好的普遍原則，但是判斷你在特定情境下是否這樣做了則是一件極其複雜的事。康德像其他人一樣明白這一點。《道德形而上學》有一個例子說得很明白：

> 作家問讀者："你覺得我的作品怎麼樣？"讀者很可能只是用戲謔的方式回答說，這不是一個合適的問題。但是，誰永遠具備回答問題的才智呢？如果回答時稍有猶豫，作家就會感到羞辱。也許有這麼一個人，那麼我們期待他怎麼回答呢？

他更通行的書《道德形而上學基礎》（是的，此書篇幅短一點）使讀者得出一個結論：康德認為撒謊總是不道德的。在這裏，他展示了如何把社會生活中司空見慣的困境轉變成思考問題的契機。康德從未告訴我們應該對作家說些甚麼，儘管上面這個例子確實建議作者不應該讓讀者陷於這樣的境地，哪怕問這樣一個無傷大雅的問題："你有機會讀這本書嗎？"這是要讀者自己去弄清楚的。

　　總之，判斷力在思維中起着最重要的作用，因為是判斷力決定了何種思想（哪個觀點、哪個概念、哪個原理）應用到世界的哪一方面上。判斷力實現了理論和實踐之間的跳躍。康德制訂了他第一個大的分類法，但很快就後悔了，在《純粹理性批判》出版將近二十年之後，他出版了《判斷力批判》（1790 年）。他在書中告訴我們，好的判斷力如此重要和必要，人們往往把它叫做常識。自該書面世以來，學者們就忙於鑽研，因為儘管書中充滿了關於目的論、趣味和美學的重要思想，但很難發現它是如何回答《純粹理性批判》所提出的問題的。該書區分了確定性判斷力和反思性判斷，前者把具體事物歸攝於一般規則之下，後者從具體事物中抽繹出一般規則，但康德幾乎沒有告訴我們如何作出這些判斷。關於判斷力，除了說它只能練習不能被教導、判斷力的缺乏就是通常所謂的愚笨之外，我們還能說些甚麼呢？

　　除了其他成就，鄂蘭還是一位偉大的新康德主義者；很少有人能比她更透徹地理解康德的作品，尤其是康德的以下信念：我們的理性和判斷力概念具有政治後果。她也是在哥尼斯堡長大的，儘管她很早就離開了出生地並且走得很遠。也許這讓她有勇氣去做沒有人敢挑戰的事情：她想仿照康德的三大批判來寫自己最後的幾部著作。她完成了《思考》（*Thinking*）和《意志》（*Willing*），相當於康德的純粹理性批判和實踐理性批判。1975 年，她因心肌梗塞去世，《判斷》（*Judging*）的第一頁在她的打字機裏。那些希望鄂蘭能解釋清楚康德所沒有講明的問題的人只能扼腕歎息，但因為判斷力本身的特殊性質，我們也很難想像她能比康德講得更多。她的《康德政治哲學講稿》（*Lectures on Kant's Political Philosophy*）在闡述出生與多數這兩個概念時（前者指我們是生出來的這一事實，後者指世界上除我們之外還有很多人這一事實），她確實提供了一些與判斷力相關的有用的思想。她強調了康德心智理論的政治性質，因為康德認為我們的人性源自社交性：

> 這是對很多關於人類相互依賴的理論的徹底背離，很多關於人類相互依賴的理論都強調，我們之所以依賴作為我們同伴的其他人，是因為我們自己的需要和慾求；而康德強調的則是，我們的心智官能中至少有一種，即判斷力，是以"他者的在場"為前提的。（《康德政治哲學講稿》，第 74 頁）[7]

不同於在他之前的所有哲學家，康德認為哲學不專屬於少數享有特權的人，而是一項由理性的性質本身所規定的活動，因此對我們所有人而言都是自然的。因為所有哲學都試

---

7　譯文參照漢娜・鄂蘭：《康德政治哲學講稿》，曹明、蘇婉兒譯，上海：上海人民出版社，2013 年，第 112 頁。──譯註

圖解決與我們所有人息息相關的三大問題：我能知道甚麼？我應該做甚麼？我可以希望甚麼？後來康德又説這三個問題可以化約為另一個問題，人是甚麼？《純粹理性批判》提出了一個頗為驚人的激進主張，書中的結論對哲學家和對具有普通理解力的人是同一可證的：

> 因為我們正是由此看清楚了我們在開始時所不能預見的東西，即在毫無差別地涉及到一切人的事情中，自然分配天賦的才能時並無偏袒的過錯，而關於人類本性的本質上的目的，最高哲學所能達到的，也不會超過在自然所予的指導下，乃至在最平凡的知性指導下所可能達到的。（A831/B859）

如果知道這段引文就出現在《純粹理性批判》第一版的第 831 頁，你可能就會嗤笑，哦，某些平凡的知性。這段引文之前的很多文字大都晦澀難懂。康德自己也很清楚《純粹理性批判》的寫作風格。他説，這本書"乾燥、晦澀、不合乎現有的一切概念，尤其是過於冗長"（《未來形而上學導論》，第 3 頁）[8]。本書開頭引用了康德一句流露着欣羨之意的評語：不是每個人都擁有他所崇拜的作家的寫作天賦。毫無疑問，如果你出身詩書世家，可能會文采斐然。不過，雖然

---

8　譯文參照康德：《未來形而上學導論》，龐景仁譯，北京：商務印書館，1978 年，第 11 頁。——譯註

盧梭的父親是手藝人，但他自學成才，寫得一手好文章。沒有捷徑可走：除了偶爾出現一些佳詞妙句，康德的作品往往佶屈聱牙。但就像學習某種樂器或某門語言，這樣的努力是值得的，因為釐清複雜的文字之後所獲得的教導對我們所有人都是有意義的。你可以拓展你的心智。

這些與勸導人們成長有何關係？通常判斷力是需要年齡去完善的能力。從西塞羅到當代心理學家都認為：你的記憶會出現空白點，你去做那些僅依靠速度的認知測試題，所得的測試結果會大不如前。但是在所有與判斷力相關的事物中，你的思維能力很可能會提高了。康德對判斷力的理解解釋了這一點。如果判斷力不能傳授，那麼怎樣才能習得呢？"通過比較我們的判斷與可能性，而不是比較我們的判斷與他人的實際判斷，通過把我們自己擺在他人的位置上。"（《判斷力批判》，第 40 節）不斷地從他人的角度思考問題，盡可能多地讓自己置身於不同人的處境，由此你可以拓展自己的心智。讓紐拉特之舟成為我們的嚮導。隨着判斷力的提高，我們的學習、旅行和工作就愈有可能避開我們已經看到的各種陷阱。另一方面，我們愈是知道怎樣學習，怎樣自由旅行，怎樣找到心儀的工作，我們的判斷力就會愈好。不妨稱之為良性的環路：沒有直路可以走。

在理想狀態下，我們不僅可以通過觀察擁有判斷力的人練就好的判斷力，而且也可以從反例中學習。既然判斷力與具體事物有關，事例至關重要，雖然我們需要判斷力來判斷哪些是真正重要的事例，哪些只是擾人耳目。這些都需要時間（可能還有空間：以正確方式旅行的確能讓我們有機會了解很多人的判斷力，從而提高我們自己的判斷力）。波伏娃在《成年》（*The Coming of Age*）中說道：

> 在哲學、意識形態和政治等領域，老年人有着年輕人沒有的綜合視角。為了能評價規則的某些特定例外究竟是否重要，或安排它們的位置，把細節置於整體之下，把趣聞軼事擱到一邊以便抽離出一般性概念，一個人必須從相似性和差異性的角度觀察大量事實。而且有一種經驗只屬於老年人 —— 那就是老年本身。年輕人對此只有模糊錯誤的概念。（第 381 頁）

當然，年齡的增長不是擁有良好判斷力的充分條件，我們都見過又老又蠢的人。年老也不是好的判斷力的絕對必要條件。有些情況下，澳洲土著人會任命年輕人為領袖，不是因為他們知道很多可以引導大家的古老故事，而是因為他們知道甚麼時候應該講甚麼故事。然而，一般情況下，成長會帶來更好的判斷力，正如好的判斷力通常是成熟的一個標誌。因為掌握在你手裏的東西超過了你所擔憂的，即便還達不到你所希望的。不過，知道自己對老年大讚頌歌是非同尋常的西塞羅也提醒我們："在我的論述中，請記住我對老年的讚美是建立在年輕時打下的基礎之上的。"（《論老年》，第 68 頁）這和戒煙或鍛煉身體無關，雖然西塞羅大概會勸你做這兩件事。更重要的是，和別的能力一樣，如果你不運用判斷力，就會失去它。

但是，沒有一位為人敬仰的年老的哲學家告訴我們指導方針，在這樣的情形之下，怎樣用好判斷力呢？毫無疑問，你得自己思考，康德關於成熟的箴言無疑是含糊的。但是如何在不違反其意的前提下使它變得更具體？告訴某人在他遇到的每一種情況下應該怎麼做？告訴某人如何自己思考恰恰破壞了他自己思考的可能性。《判斷力批判》的確提出了稍微具體一點的建議："自己思想（沒有成見原則）；站到每個別人的立場上思想（見地擴大原則）；和自己協和一致（首尾一貫原則）。"（第 40 節）[9] 這看起來似乎沒有往前走多遠。不過，康德的首尾一貫原則確實提供了一些指導。和自己協和一致是甚麼意思呢？

如果有機會，你希望生活重新來過嗎？與大多數有意思的問題一樣，這個問題在西方困擾了人們 2,500 年之久，但是啟蒙思想家在思考這個問題時，有着特殊的意味。這也難怪，在他們生活的時代，個人生活有史以來首次成為變化的主體。如果你生活在啟蒙運動之前，你的生活絕大部分取決

---

9　譯文參照康德：《判斷力批判》（上卷），宗白華譯，商務印書館，1964 年，第138 頁。——譯註

於你父親的父親的父親的生活，在社會結構中他的地位是奴隸還是自由人，就像建造大教堂的石頭一樣堅固。人們不再認為生活是上帝安排的，或者由號稱得到上帝恩賜的社會和政治勢力固定在某個位置之上，只有這樣，是否選擇了自己要過的生活這個問題才變得有意義。

鮮有啟蒙思想家完全明白他們所提的問題。這是一個關於有多少人在事實上選擇重新生活的實證問題嗎？它的目的和今天社會科學家展開的幸福指數調查一樣嗎？或者更像是一個哲學問題，追問生活是不是大體上合理？他們留給我們的所有答案都介於兩者之間。在啟蒙運動達到頂峰的時候，有名的樂天派萊布尼茲採取的立場令人吃驚。他認為大多數人在臨死時（如果他們沒有天堂的概念）都會選擇重新活一遍，但唯一的條件是，新一輪的生活是一種不同的（即便不是更好）的生活。我們在同意再活一次之前堅持多樣性。伏爾泰的看法如他一貫的風格，更為尖刻。他認同我們大多數人在臨終之時會選擇重新活一遍，但這只是出於對死亡的恐懼。即便如此，我們還是會堅持多樣性：寧可為別的東西死去，也不要死在無聊之中。伏爾泰在他漫長的一生中不斷寫詩謳歌快樂和奢華，顯然他非常享受這兩者。他擁有比平常人更多更深層次的快樂，不止一次經歷真正的愛情，擁有很多的朋友和愛慕者，他知道自己的諸多作品在世界上影響廣泛。然而在《札第格》（Zadig）這本書中，伏爾泰一方面堅信世界沒有貶低它的人所抱怨的那麼糟糕，另一方面他又愉快地講述了一個神話，把地球說成是一個供宇宙排放污穢的廁所。他認為，我們在臨終前留戀我們除了抱怨以外無能為力的生活，再次證明了人類是瘋子。

休謨也認為在臨死前留戀生活是件蠢事，但他的觀點比伏爾泰的還要陰鬱。（休謨有一種特殊的才能，能用令人愉快的優雅修飾他那黯淡的人性觀點，使仰慕他的人忽略了事實上只有叔本華的觀點比他的更陰鬱。）休謨以經驗主義者的口吻寫道：

> 問問你自己，問問你的任何一個熟人，他們是不是願意再過一次他們近十年或近二十年間的生活。他們說，不！未來的二十年將要更好一點……所以在最後，他們發現，他們是同時在控訴着生命的短暫，以及生命的空虛和煩惱（人生的痛苦是如此之大；它甚至可以調和種種矛盾）。（《自然宗教對話錄》，第 99-100 頁）[10]

在盧梭看來，以上說的都不是他的問題，而是伏爾泰和休謨的問題。他認為像伏爾泰和休謨這樣衣食無憂、家境良好的人是自尋煩惱。像伏爾泰這麼幸運的人怎麼會覺得世界是悲慘的呢，但盧梭"在默默無聞、貧窮、孤獨、飽受痛苦

---

10 譯文參照休謨：《自然宗教對話錄》，陳修齋、曹棉之譯，鄭之驤校，北京：商務印書館，1962 年，第 67 頁。——譯註

折磨而得不到解救的困境中，於靜謐處快樂地冥想，發現一切都是美好的"。（《致伏爾泰的信》，1756 年 8 月 18 日）他相信，和飽食過度的巴黎人不同，瓦萊的山民都願意選擇永遠重複自己的生活。儘管如此，盧梭本人的選擇就不怎麼明朗了。很少有人把快樂描寫得比他更淒美，也很少有人比他更富激情地描寫自己。但是他常常説生活中痛苦多於快樂，即便在他自認為最陽光的《愛彌兒》中。

在討論這個問題的時候，康德也是時而描述我們將選擇甚麼，時而考慮我們應該選擇甚麼。在《萬物的終結》（"The End of All Things"）一文中，他提到伏爾泰把地球比喻成廁所的波斯傳説，還增加了另外幾個比喻：地球猶如監獄、瘋人院、荒野客棧。他説，自己僅僅是重複別人用過的比喻。不過，他在其他地方的文字告訴我們，在他看來，重新過一遍生活的慾望肯定是不合理的：

> 如果一種價值僅僅按照人們享受甚麼（按照一切偏好之總和的自然目的，即幸福）來估量，則生活對於我們具有一種甚麼樣的價值，就容易作出裁定了。這種價值將降至零下；因為願意在同樣的條件下，或者即便按照一個新的、自己構想的（畢竟是按照自然進程的）、但也僅僅是建立在享受之上的計劃，再次涉足生活呢？

（《判斷力批判》，第 83 節）[11]

　　他進而否定了認為大多數人更喜歡活着而不願意死去的
看法：

　　　　對這樣的詭辯，就可以讓任何一位活得足夠長而且
　　反思過生活價值的人，用他良好的感受力來回應；你只
　　需問問他，不是在相同的條件 / 狀況下，而是在我們這
　　個凡塵世界中 —— 而不是甚麼仙境中 —— 的任何條件 /
　　狀況下，他還願不願意再玩一次生命的遊戲。[12]

　　這似乎是把生活看成是享樂的對象；謝天謝地，我們還
有責任！康德堅信如果沒有責任，我們中很少有人願意再活
一遍，而且大多數人會有自殺傾向。

　　總之，啟蒙運動不像評論家想像的那麼陽光樂天。啟
蒙思想家就邪惡這一主題展開長篇累牘的論述，他們的結論
顯得悲觀：世間存在如此多的邪惡。我們很難知道他們對再

---

11 譯文參照康德：《判斷力批判》，李秋零譯，收於《康德著作全集》（第 5 卷），中
　　國人民大學出版社，2006 年，第 452 頁。—— 譯註

12 Kant, "On the Impossibility of All Attempts at Theodicy", in Arendt's translation,
　　quoted in her *Lectures on Kant's Political Philosophy*, ed.Ronald Beiner,
　　Chicago: University of Chicago Press, 1982, pp.24-5.（譯文參照漢娜・鄂蘭：
　　《康德政治哲學講稿》，曹明、蘇婉兒譯，第 40 頁。—— 譯註）

活一次的反思是否屬於調查、自言自語抑或閒談。然而，一個世紀以後，尼采把這個問題轉變成他哲學的奠基石。他在《偶像的黃昏》(*Twilight of the Idols*)中寫道："在一切時代，最智慧的人對生命都作了同樣的判斷：它毫無用處……從他們的嘴裏，人們何時何地聽到的是同一種音調 —— 一種充滿懷疑、充滿憂傷、充滿對於生命的厭煩、充滿對於生命的抵抗的音調。"尼采相信這是一種報復。聖人自己既脆弱又頹廢。與生活所呈現的挑戰不同的是，他們試圖創造另一種生活，使我們現在擁有的生活變質並使它看起來像一個災難故事。"如果不能讓此時此地的生活變得更糟糕，超越之物還有甚麼意義呢？"(同上書)基督教是這一倒置最顯然的例子，但尼采稱基督教是大眾的柏拉圖主義，他認為在他之前出現的所有哲學都使我們蔑視生活本身。

所以他提出了一個設想：不要把時間和自己在時間裏的生活，想像成上升或前行至救贖的某個點的線性事物。相反，讓我們想像輪迴，每一時刻不斷重演，永無止境。想一想具體的境況：疼痛、心肌梗塞以及所有讓你考慮也許死了反倒更好的事情。你能永遠不斷地過那樣的生活，接納一切內容和偶然性嗎？如果你的回答是肯定的，那你就比斯多葛主義者要強大得多，他們只是敦促我們接受命運。尼采要求我們熱愛生活。你對這個問題的回答對於你的靈魂來說至為關鍵。強大高貴的精神能夠確保他們現在的生活永恆輪迴，奴性憤懣的精神會在這個想法面前畏首畏尾。

尼采有時候把永恆輪迴納入宇宙論。我在別處論證過，尼采的永恆輪迴對神學提出了有力的挑戰，儘管它受到尼采所蔑視的斯多葛學派和基督教的影響。[13] 但尼采的設想可以作為我們的一個工具。假如你經常問自己：我要再過一遍這樣的生活嗎？（不是尼采要求的一次又一次的重複，再來一次就足矣）如果像休謨那樣回答：不要讓生命中的最後十年重來一遍，接下來的日子肯定會更美好，那麼你最好去工作。你所作的選擇中有多少是真正確定的呢？你生活中哪些方面是可變的，而哪些方面你想讓它們保持不變？這和美好的新年願望無關。這是自我發問，如果你關切成長就會向你的父母和你的文化提出同樣的問題。哪些部分是真正屬於我的？如果你繼承了你從未真正擁有過的遺產，你甚至不知道你能自己思考的事情是何等之少。

我明白了這一點。在與自己和解的狀態下，如果我們不斷地追問，這樣的生活是不是我們想要的生活，而在得出否定答案的情況下有所作為，那麼，我們就可以推進康德的前後一貫、與自己協和一致的原則，如果答案是否定的，那麼就應該做點甚麼。已經過去了的反倒沒甚麼問題，有問題的是我們眼下要過的生活。人們拒絕成長不正是因為成長意味着衰老嗎？

---

13 Neiman, *Evil in Modern Thought*, chapter 3.

如果可以變老，那麼你很幸運。另外一種可能性是年紀輕輕就死去。

　　高唱"希望我在年老之前死去"的實際上說的不是他們那一代人，這是種非常古老的情感。波伏娃的《成年》把這一說法追溯到公元前 2500 年古埃及哲學家兼詩人普塔霍特普（Ptahhotep）：

> 　　一個垂暮的老人最後的時日是多麼痛苦淒慘！他日漸衰弱；視力愈來愈模糊，耳朵愈來愈聾；力氣愈來愈小；愈來愈沉默寡言，無法得到內心的安寧。腦力日漸衰退，今天已記不清昨天的事。渾身骨頭酸痛。不久前樂於做的事情已變得異常痛苦；吃甚麼都索然無味。衰老是折磨人類最糟糕的霉運。（《成年》，第 92 頁）

　　波伏娃的研究雄心勃勃，她從內而外地探索老年，考察社會對待老年人的做法和態度，並且區分從史前時期到 20 世紀中葉個人看待老年的不同觀點。令人不安的是，幾乎每一代人都有成文的共識：年老比死亡更糟糕。但也有一些例外。《成年》涵蓋了不同的文化，在某些文化裏，老人會被儀式性地殺死或拋棄，而在另外一些文化裏，年老意味着尊敬和榮耀。大體上，波伏娃認為在一種文化裏如果孩子的地位很高，那麼老人的地位也會很高，因為被善待的孩子與父母之間的紐帶很強，足以抵制誘惑，不會拋棄勞動力差的老者，甚至是在老年人不僅會消耗稀少的資源，還拖累了羣體遷徙的遊牧社會。她認為，老年問題在於，老年人的地位從來不是他們從年輕人那裏贏得的，而是由年輕人給予他們的，正如她在《第二性》中所説，女人的地位是由男人給予的。波伏娃強調不同階層的人有着非常不同的年老狀態。受過良好教育且富有創造力的人即使到了八十多歲，生活還是充滿創造力和開拓性，但體力勞動者的世界到了老年就會收縮。這不僅與貧窮有關，雖然她也讓我們注意到，有些人沒錢買公車票或在小酒館買上一瓶啤酒，所以他們的活動非常受限。更糟糕的是：

> 老年的悲劇相當於對整個殘缺不全的生活系統提出根本性非難，這一系統使生活在其中的芸芸眾生找不到活下去的理由。勞動和疲倦感隱藏了這一空虛；這兩者褪去之後，空虛就浮現了。空虛比無聊要嚴重多了。工人一旦變老就完全失去了自己的位置，因為實際上他從未真正佔有過一席之地。他不但沒有位置，而且也沒有時間去爭取他的位置。當他意識到真相的時候便會陷入迷惘和絕望。（《成年》，第 274 頁）

波伏娃描述的老年悲劇與古德曼所説的青少年悲劇極其相似。我們沒有創造一個使明智之人希望成長或變老的世界。毫不奇怪，波伏娃和古德曼得出的結論也極其相似：

年老揭露了我們整個文明的失敗。如果我們希望老
年人的狀態是可以接受的，那麼人類整體必須重置，人
與人之間的一切關係必須重鑄……整個系統就是問題之
所在，我們除了從根本上改變生活本身以外別無選擇。
（《成年》，第 543 頁）


　　波伏娃堅信年老問題在起源上至少既是生理的也是社會
的，她的見解非常有道理。她對老年人地位和女性地位的比
較研究讓我們看到了真正的希望。我們很容易看到，延續至
21 世紀的男權結構在世界上某些地區引發的問題仍然非常
嚴重。然而，不可否認的是，過去的五十年裏男人和女人之
間的關係發生了空前的改變。我們現在對兩性之間可能性的
探索是波伏娃其時難以想像的，雖然她的《第二性》正是致
力於拓寬這一可能性的著作之一。隨着人均壽命和經濟結構
的改變，也許你會發現我們自身正在響應盧梭的話，"我們
不知道自己的天性允許我們成為甚麼樣的人"，並且追隨他
探索天性的限度。


　　然而，即使是盡最大的努力自己思考的人，其可能性
也會受到他人預期的影響。波伏娃描述對老年的譏諷衝動，
這類譏諷從古希臘及古羅馬以來便充斥着每個歷史時期，令
人既心寒又困惑。人們討論年老這個話題時經常流露出的鄙
視、嘲弄和強烈反感，這比以下現象更難理解：一些男人仍
然看不起女人，在某些社會少數族裔依然得不到尊重。與身

為女人或擁有較深的膚色不同，如果我們不至於太不幸，年老是每個人都逃脫不掉的宿命。

我們可以在大量的挖苦中找出些不錯的例子。在今天，某位搖滾巨星過幾十歲生日或巡迴演出之類的消息是很受歡迎的。《紐約時報》刊登了一則消息：

> 只要看看他們：抽着大麻的老頭和老太，渾身皮肉下垂，顯得可悲又多餘，性慾減弱，步伐孱弱，靠着偉哥和立普妥（Lipitor）捱日子。嬰兒潮時期出生的人——數量龐大。還有比這更糟糕的嗎？……為七千六百萬出生於 1946 至 1964 年間的美國人帶來優雅、尊嚴或地位的出路在哪裏？[14]

歐洲媒體提出的問題很可能更令人噁心：嬰兒潮時期出生的人現在不是應該接受被時代淘汰而把舞台讓給別人嗎？我常常納悶為甚麼這個時代才華橫溢的人拒絕離開舞台會引起人們的憤怒？凡是近期看過鮑勃‧狄倫（Bob Dylan）、萊昂納德‧科恩（Leonard Cohen）或者布魯斯‧斯普林斯汀（Bruce Springsteen）的演唱會的人就會知道他們絕非嘩眾取寵。相反，這些藝術家已經向我們展示了人可以走得多

---

14 Timothy Egan,"Septuagenarian Strut", NYTimes.com, 25 July 2013,
  https://opinionator.blogs.nytimes.com/category/timothy-egan/page/2/?_r=0.

遠，創造力可以持續多久，他們戰勝了失敗和挫折、多餘和過失，繼而為我們樹立了如何成長的榜樣。這樣的人之所以引起憤怒是因為我們太懶、過於膽小而不能自己成長嗎？或是我們串通一氣給年輕人傳遞一條信息（同時我們自己將它內化），告訴他們生活能留住甚麼呢？十八至三十歲之間的人常被告知，他們處在生命中最好的年華，儘管這十年往往是最艱難的，在結構性規範和經濟穩定性瓦解的時代，這一時期尤為艱難。但是，人們不是鼓勵年輕人下決心成長，從而克服其間複雜的懷疑和掙扎，相反，年輕人聽到的只是，成年之後的狀態不會更好。"享受生命中最美麗的歲月"聽起來令人愉快，但是這隱含了不祥的信息：接下來的歲月只會更糟糕。

看看關於成年的大多數討論，你會發現很多人提到了"莎士比亞的人生七階段"。在谷歌搜索一下這個詞條，你可以找到 1.96 億個連結。事實上，早在莎士比亞之前就有人把人生分為七個階段，但大多數人知道莎劇中著名的台詞，第一句是："全世界是一個大舞台"。接下來的這句非常悲觀：所有的男男女女不過是一些演員，意味着我們人生的劇本是既定的，生命的每個階段也是命定的。更糟糕的是：我們能扮演的每個角色都是既痛苦又荒唐。嬰兒只會啼哭嘔吐，學童在上學的路上躊躇，情人只能歎息，寫些愚蠢的詩句，士兵追求的榮耀可能會讓他喪命，直到可悲的生命最後階段，演員一無所有。下面是完整的台詞：

全世界是一個舞台，所有的男男女女不過是一些演員；他們都有下場的時候，也都有上場的時候。一個人的一生中扮演着好幾個角色，他的表演可以分為七個時期。起初是嬰兒，在保姆的懷中啼哭嘔吐。然後是背着書包、臉蛋粉嫩的學童，像蝸牛一樣慢騰騰地拖着腳步，不情願地嗚咽着上學堂。然後是情人，像爐灶一樣歎着氣，寫了一首悲哀的詩歌詠着他戀人的眉毛。然後是一個軍人，滿口發着古怪的誓，鬍鬚長得像豹子一樣，愛惜著名譽，動不動就要打架，在炮口上尋求着泡沫一樣的榮名。然後是法官，胖胖圓圓的肚子塞滿了閹雞，凜然的眼光，整潔的鬍鬚，滿嘴都是格言和老生常談，他這樣扮了他的一個角色。第六個時期變成了精瘦的趿着拖鞋的龍鍾老叟，鼻子上架着眼鏡，腰邊懸着錢袋；他那年輕時候節省下來的長襪子套在他皺癟的小腿上顯得寬大異常；他那朗朗的男子的口音又變成了孩子似的尖聲，像是吹着風笛和哨子。終結着這段古怪的多事的歷史的最後一場，是孩提時代的再現，全然的遺忘，沒有牙齒，沒有眼睛，沒有口味，沒有一切。（《皆大歡喜》，第二幕，第七場）[15]

　　對於諸如"生活很糟糕，然後你死了"這樣的現代標語，

---

15 譯文參照《莎士比亞戲劇全集（第二卷）》，朱生豪等譯，北京：人民文學出版社，1994 年，139-140 頁。——譯註

我們很難找到比上文更可怕的註解了。

　　當下某些引用莎劇台詞的著述試圖讓莎士比亞的打擊變得溫柔一些。《今日心理學》（Psychology Today）指出，與莎士比亞的時代相比，現代人的壽命更長。我們可以去健身房健身，利用現代牙科醫術使牙齒更健康。另外一些人則喜憂參半。莎士比亞通常被認為是普遍智慧的源泉，他上天入地提出很多洞見，所探究的領域遠非哲學所能想像，他用生花妙筆表達人類的生活既空虛又荒唐，引人信服。可以肯定的是，康德曾告誡我們，理性有權利，甚至也有義務去質疑權威；關於成年的那種觀點確實是莎士比亞提出的，然而是錯誤的。不過，我們還是重新讀一下上面這段台詞，畢竟與莎士比亞交鋒是件可怕的事。我重新拿起《皆大歡喜》，幾十年前我看過，早已不記得內容。

　　我有了新的發現。上面那段話出自侍臣傑奎斯之口，這個人說自己"可以像黃鼠狼吸食雞蛋一樣吸收歌曲中的愁緒"。他把自己的憂傷描述得太過，以至於顯得有點滑稽，這就是為甚麼劇中其他人物都沒把他當回事的原因。他的憂鬱最終成了喜劇手法。實際上，傑奎斯的憂鬱太過極端，顯得滑稽可笑，但他在劇中是必不可少的。如果沒有他，這個劇的後半部分就顯得太傷感了。他的聲音很重要，因為這是真實的世界，不是在阿卡迪亞（Arcadia）或者阿登高地森林。莎士比亞的智慧在於事實上他能完美地表達這樣的聲音，正如我們看到的，這樣的人生觀太過平庸，而且以一場雙重婚禮作為圓滿結局。畢竟，這是喜劇。

莎士比亞非但不認同傑奎斯，反而嘲笑他。事實上，著名的人生七階段說是在該劇的主人公奧蘭多背着奄奄一息的侍從亞當出場之前說的。亞當對於年老的看法與傑奎斯大相徑庭：

> 我雖然瞧上去這麼老，可是我的氣力還不錯；因為我在年輕時候從不曾灌下過一滴猛烈的酒。（第二幕，第三場）

亞當遵循了我們在現代養老手冊上都可以找到的節制飲食的建議，最後他說："所以我的老年好比生氣勃勃的冬天，雖然結着嚴霜，卻並不慘淡。"

緊接着，他的行動證明，傑奎斯所描述的畫面（老人又蠢又無用）是不對的，而我們把生命理解為注定痛苦的旅程也是不對的。也就是說：傑奎斯對於生命週期的看法不能使我們洞見莎士比亞對於生命週期的看法，正如馬克白夫人的獨白不能使我們洞見莎士比亞的道德觀。為甚麼每一代讀者都紛紛鑒定傑奎斯的立場和莎士比亞是一致的，用莎翁的權威來照出人類生活最悲涼的畫面呢？

寫這本書的時候，我廣泛地閱讀，所列的書目類型相差極大、題材迥異，毫無系統可言，但實際上我從每本書上都學到了一些東西。一年來，我的書桌上堆滿了研究成功變老的童年史作品、生命週期心理學調查、社會學專著以及《道林·格雷的畫像》（*The Picture of Dorian Gray*）。它們當中還有一些我已熟知但想再讀一遍的哲學書。這種多樣性和我的觀點是一致的，太多的當代哲學因為與其他學科相孤立而受到了損害，這和早先的哲學大不相同。（康德不僅閱讀廣泛，還在大學裏開課講授地理學、人類學、心理學、數學和軍事戰略，甚至還有煙火製造術。）雖然沒有一根線可以把這些學科全都串起來，我們還是可以看到哲學家所寫的書和非哲學家所寫的書之間的差異。大多數經驗性的著作致力於釐清成年問題的某些方面。它們討論何種教育模式更好，何種態度面對老年或政治活動新模式更加健康。它們表明關於人生意義的正確觀點可以幫助士兵提高應對創傷的能力，或者幫助人們擴充財富，提升影響力。當你合上這些書的時候，會感到這些問題即使沒有解決也總是有辦法應付的。相反，哲學作品看起來只是把問題變得更複雜了。這有甚麼道理呢？

　　在本書的開頭，我就聲明哲學可以幫助我們找到不至於迫使我們妥協屈從的成年方式。哲學要做到這一點，只有向我們展示成年比我們所想像的更難。哲學對真正的問題給出的解決辦法，首先是揭示我們在多大程度上忽略了這個問題。美國哲學家斯坦利・卡維爾（Stanley Cavell）倡議成年需要哲學教育。他的解釋清晰地闡明了哲學是如何幫助我們成長的，以及為甚麼我們傾向於排斥哲學的幫助。我們要學的不是知識。"而是要學習如何再思考。所謂再思考，除了澄清（例如，解釋）的意思之外，它所要傳達的核心觀點在於，你已經知道是甚麼使你遠離你自己。"（《斯坦利・卡維爾與成年人教育》〔*Stanley Cavell and the Education of Grownups*〕，第 209 頁）

哲學努力解答的是一些孩子們會問而大多數大人認為已經解答了的問題。我為甚麼要長大？為甚麼要遵守規則？為甚麼要接受教育？我怎麼知道？怎麼找到意義？怎麼創造自己的生活？這些問題都可以用一句話打發掉，給出解答或者反駁。然而，當你提出這些問題並帶着它們真正要求的關注時，你可能會感覺到如卡維爾寫道：

　　我前面所說的結論不是我得出的結論，而只是我接納的通常的結論。也許我會通過偽善、譏諷或脅迫來弱化這一領會。但是我也可能利用這個機會使自己重新回歸到自己的文化，追問為甚麼我們要做我們所做的，判斷我們所判斷的，以及我們是如何走到這些交叉口的。我們習俗的自然基礎是甚麼，它們為了甚麼？……在奧古斯丁、路德、盧梭和梭羅提出的問題面前，我們是孩子；我們不知道該如何繼續探究這些問題，我們又有甚麼樣的基礎呢。就此而言，哲學成了成年人的教育……對於教授和認真交流的焦慮在於我自己需要教育。對成年人來說，這不是自然成長，而是改變。（《理性的要求》〔*The Claim of Reason*〕，第 125 頁）

哲學一開始讓事物變得更困難，進而呈現事物整體。上面提出的所有問題都必須逐個回答，但是任何孤立的答案都是錯誤的。政治維度必不可少。它要求我們看到最好的動機背後的東西。康德指出，不僅是統治者，而且還有父母都想教育孩子怎麼應對所處的世界。然而，在理想狀態下，教育要讓他們準備好去創造一個更好的世界。我已經說過，哲學在本質上是規範性的。好的哲學意識到這一點，與此同時，它也會從必定令人失望的描述中學到東西。既然任何描述都發生在歷史之中，那麼它涉及的問題就不是永恆的，但可以有很長的生命。因此，康德的作品以其特有的方式觸動你，這是 18 世紀大多數科學作品都無法做到的。哲學和文學有這樣一個共同點。

我已經說過，把成長過程描繪成注定走下坡路的畫面受到利益各方的支持，而它們是與我們的成年相對抗的。悲劇在於我們不斷與之共謀，試圖證實那樣一幅實際上並不存在的畫面。我們誤讀了《皆大歡喜》，盲從我們的命運受詛咒的觀點。正是這樣的事情迫使康德說我們的不成熟要歸咎於我們自己，並鼓勵我們要有通過成長擺脫之的勇氣。我們需要勇氣去對抗所有依然抵制成熟的力量，因為真正的成年人不再因麵包或馬戲團分散注意力，不再被小玩意迷惑，也不再因為沒有經驗而感到羞愧，我們能更好地觀察我們所見到的，也能更好地說出來。我們？我們所有人，包括本書作者。這是一場永無休止的革命。哪位想鼓動它？